마음을 어디로 향하고 있는가

마음을 어디로 향하고 있는가?

백성욱 가르침·김원수 받아엮음

김영사

엮은이 김원수

서울대학교 공과대학 금속공학과를 졸업하고,
고려대학교 대학원 이학 박사학위를 취득했다.
1967년 1971년까지 소사에서 백성욱 박사를 스승으로 모시고 공부했다.
1988년 사회복지법인 바른법연구원 복지재단을 설립하고,
2004년부터 마포에 무료급식원을 세워 무주상보시(無住相布施)를 실천하고 있다.
저서로《마음을 어디로 향하고 있는가》《크리스챤과 함께 읽는 금강경》
《붓다가 되신 예수님》《성자와 범부가 함께 읽는 금강경》 등이 있다.

마음을 어디로 향하고 있는가

엮은이 김원수

1판 1쇄 발행 1990. 7. 1.
3판 14쇄 발행 2024. 2. 1.

발행인 박강휘, 고세규
발행처 김영사
등록 1979년 5월 17일(제406-2003-036호)
주소 경기도 파주시 문발로 197(문발동) 우편번호 10881
전화 마케팅부 031)955-3100, 편집부 031)955-3200 | 팩스 031)955-3111

저작권자 ⓒ 김원수, 1990
이 책은 저작권법에 의해 보호를 받는 저작물이므로
저자와 출판사의 허락 없이 내용의 일부를 인용하거나 발췌하는 것을 금합니다.

값은 뒤표지에 있습니다.
ISBN 978-89-349-3166-9 03110

홈페이지 www.gimmyoung.com   블로그 blog.naver.com/gybook
인스타그램 instagram.com/gimmyoung   이메일 bestbook@gimmyoung.com

좋은 독자가 좋은 책을 만듭니다.
김영사는 독자 여러분의 의견에 항상 귀 기울이고 있습니다.

들어가기 전에

스승께서 내게 하셨던 말씀이 떠오른다.

"부처님께서 팔만 사천이나 되는 많은 법문을 하셨다지만, 그것은 부처님의 말씀이 아니다. 다만 중생의 무량한 번뇌일 뿐이다. 부처님께서 무슨 하실 말씀이 있었겠는가. 오직 한마디 "나는 밝은 빛이다."라는 정도가 있었을까. 내가 그대에게 한 이런저런 말 역시 내 소리가 아니라, 그때그때 그대의 업장을 닦는 데 필요했던 그대의 소리였다. 다른 사람을 대했다면, 그이의 업장에 따라 나는 또 달리 이야기했을 것이다. 그러므로 내 말을 갖지 말아라."

차례

들어가기 전에 *5*
마음을 어디로 향하고 있는가? *9*
마음에 그리는 대로 되어진다 *23*
아상은 몸뚱이 착이며 음탐심이다 *47*
몸으로 밝은 자리를 향해 복 지어야 지혜가 밝아진다 *55*
그 한마음 어떻게 닦나? *67*
집중과 무심은 같지 않다 *99*
지금 여기서 *105*
삶을 풍요롭게 하자면 *129*
밖에서 찾지 말고 그대 마음을 들여다보아라 *145*
왜 '미륵존여래불' 하나? *157*
불가사의한 세계 *169*
모든 것을 부처님께 바쳐라 *181*
괴로움의 근본 '나'를 벗어나는 가르침 금강경 *189*
백성욱 선생님에 대하여 *219*
엮고 나서 *222*

마음을 어디로 향하고 있는가?

내가 금강산 안양암에서 수도하던 때의 일이다.

하루는 큰절 수좌가 올라오더니, 대웅전 큰 법당에 빈대가 끓어 여간 곤란한 것이 아니라고 걱정을 하였다. 그래서 내가 그에게 "대웅전 마루 한복판에 유황을 피워 놓고 한나절만 문을 닫아 두면 부처님 법당이 깨끗이 청소될 것이다."라고 말해 주었다. 그랬더니 그는 "아니 스님께서는 저더러 살생을 하라는 말씀이십니까?" 하며 버럭 역정을 내는 것이었다.

나는 빙긋이 웃으며 그에게 말했다.

"그렇다면 그대는 빈대로 부처님 법당을 장엄하려 하는가?"

옛날, 중국에 백개라는 용맹한 장수가 있었다. 그는 일생을 전쟁터에서 보내며 많은 무훈을 세웠는데, 한 번은 항복한 포로 수만 명을 죽여야만 했던 일이 있었다. 그는 이 사실에 대해 늘 죄책감을 가지고 있다가 말년에는 그만 미쳐 버리고 말았다.

　힌덴부르크는 일차 대전 당시 독일의 맹장이다. 그는 소련과의 접전에서 삼십육 개 사단을 섬멸하였지만, 마음에 그들을 죽였다는 생각은 조금도 없었고 다만 조국과 민족에 봉사하기 위해 적을 쓸어 버렸다는 떳떳함만 있었기에, 나중에는 독일의 대통령까지 되었다.

　자동차왕으로 유명한 미국의 헨리 포드는 전생에 중국의 가난한 농부였다. 그는 소를 몰아 밭을 갈고 농사를 짓는 일이 몹시도 힘이 들었다. 더욱이 그토록 힘들게 일을 해도 대부분의 농사꾼들은 배불리 먹지도 못하지 않는가. '소 대신 밭을 쉽게 갈 수 있고 농사도 지을 수 있는 기계를 만들어, 농사는 기계로 짓고 소는 잡아서 사람들이 배불리 먹을 수 있게 되면 좋을 것이다.'라고 그는 생각하였다.
　이 사람은 '나'라는 생각이 없는 보살이어서 마음먹은 대로 뜻을 이룰 수 있었다. 그는 다음 생에 몸을 바꾸어 다시 중국에서 태어나 백정 일을 하여 사람들에게 고기 먹이는 일을 하였고, 그 다음 생에는 미국에서 태어나 자동차를 고안하고 농기계를 만들어 농사의 수고로움을 덜어 주었다.

 그는 비록 전생에 중국에서 소를 많이 죽였지만, 살생하는 마음이 아니라 사람들을 배불리 먹이겠다는 마음에서 그랬던 것이므로, 후생에 소를 죽인 데 따른 과보를 적게 받을 수 있었다. 다만 그의 얼굴빛이 유독 고기 색깔 비슷한 붉은 빛을 띤 점이 여느 사람들과 달랐다면 달랐다고 할까.

두 젊은이가 부처님 밑에서 수도하고 있었다. 그런데 부처님 처소는 부처님을 뵙기 위해 곳곳에서 모여든 사람들로 항상 들끓었다. 두 비구는 생각하게 되었다. '이렇게 많은 사람들로 시끄럽고 분주하니 어떻게 수도에 전념할 수가 있겠는가. 어디 조용한 수도처를 찾아보아야겠다.' 뜻을 모은 두 사람은 부처님 곁을 떠나 인가에서 멀리 떨어진 산 속 동굴로 가서 수도를 하였다.

그러던 어느 날, 한 비구가 생필품을 구하기 위해 마을로 내려갔다. 그가 떠난 후 갑자기 하늘이 어둑어둑해지더니 비가 쏟아지기 시작하였다. 비는 저녁때가 다 되어서야 그쳤고, 바로 그때 마을로 내려간 비구의 누이동생이 오빠를 만나기 위해 비에 흠씬 젖은 채 동굴에 나타났다. 홀로 남아 있던 비구는 친구의 누이동생이 날이 다 저물어서 비에 젖어 오들오들 떨며 찾아왔는데 오빠가 없다고 그냥 돌려보낼 수가 없었다. 그는 화톳불을 지펴 여자를 앉혀 옷을 말리게 하고, 더운 음식을 장만해 주었다.

날은 저물어 어둠이 깔렸는데도 친구는 돌아오지 않았다. 화톳불 곁에 앉은 여자의 얼굴이 발갛게 달아올랐다. 그는 내부 깊숙한 곳에서 꿈틀거리는 욕정을 느꼈다. 여자의 상기된 모습이 한동안 잊고 지내던 정념에 불을 당긴 셈이었다. 이윽고 욕정의 불길에 휩싸인 그는 그만 자제력을 잃고 여자를 범하고야 말았다. 불길이 사그라지고 제정신으로 돌아온 그는 생각할수록 어이가 없었다. '순간의 욕망을 참지 못하고 파계를 하다니……' 그는 가슴을 치며 후회하였다.

한편, 밤 늦게 마을에서 돌아온 비구는 그들을 보고는 아연실색하였다. 그는 격분하였다. 친구도 친구려니와, 외딴 곳에서 수도하는 젊은이 앞에 나타나 화근을 일으킨 누이동생이 더욱 괘씸하게 생각되었다. 흥분한 그는 성스러운 수도자를 파계시킨, 구제받지 못할 요망한 계집이라며 순간적으로 누이를 죽이고 말았다. 자신의 발께에 죽어 넘어진 누이동생의 시체를 보는 순간, 그는 정신이 번쩍 들었다. '나 자신은 간음보다 더한 살생이라는 계율을 범한 것이 아닌가! 이제 우리는 어찌할 것인가.'

두 비구는 끌어안고 목놓아 울었다. 그처럼 엄청난 파계를 했으니, 이제 도를 이루기는 커녕 지옥에나 떨어질 것이 아니겠는가. 앞길이 막막해진 둘은 부처님 처소로 내려왔다. 부처님께 말씀드리고 자신들이 구제받을 길은 없겠는지 여쭈어 보고 싶었지만, 그들에게는 그럴 용기가 없었다. 그래서 계율 제일이라는 우팔리 비구를 찾아가 지초지종을 이야기하고, 참회를 하면 자기들 같은 사람도 성불할 희망이 있는지를 물었다. 그러나 우팔리 비구는 그것은 불가능하다고 냉정하게 잘라 말했다. 그들은 다시 사리불과 목건련을 비롯하여 부처님의 십대 제자들을 두루 만나 자문을 청하였다. 그러나 그들 역시 두 사람의 딱한 처지를 동정은 하면서도, 시원한 답을 주지는 못하였다.

간음과 살생이라는 파계의 멍에를 걸머지고 더 살아갈 희망과 의욕을 상실한 그들은 마침내 자살을 결심하기에 이르렀다. 당시, 수도자들에게 자아의 울타리를 벗어나 부처의 경지로 나아가는 성불은 생명보다도 값진 것이었다.

그때, 마침 유마힐이 두 파계자 옆을 지나가게 되었다. 울부짖는 두 비구의 사연을 알게 된 유마힐이 지혜의 눈으로 살펴보니 두 사람의 선근은 우팔리 비구의 그것보다 훨씬 깊었다. 두 비구의 죽은 마음을 살려야겠다고 생각한 유마힐은 그들과 함께 우팔리 비구에게 갔다.

유마힐은 우팔리 비구에게 물었다.

"우팔리 존자시여, 이 두 사람의 죄는 과연 어디에 존재할까요? 마음 안입니까, 혹은 밖입니까? 아니면 중간입니까?"

이에 대해 우팔리 비구는 대답을 못 하고 안절부절못하였다. 유마힐이 그에게 말하였다.

"우팔리님, 만약 그 마음이 깨달음을 얻는다면, 그 마음은 여전히 더럽

혀져 있겠습니까? 그렇지 않습니다. 죄라는 생각은 망상이고, 망상은 때와 같습니다. 우리의 모든 관념은 물 속에 비친 달, 거울에 비친 그림자와 같이 우리의 망상에서 생긴 것입니다. 때를 닦으면 맑은 거울이 드러납니다. 망상을 없애면 그대로 청정한 마음입니다. 이 이치를 아는 사람이야말로 참으로 계율을 지키는 사람이며, 깨달은 사람입니다."

유마힐의 말에 두 비구는 비로소 절망에서 벗어나 다시 수도에 전념, 높은 경지에까지 도달하였다.

영조의 명을 받아 사도 세자를 뒤주 속에 넣어 죽게 한 사형 집행자는 구선복이라는 장군이었다. 그러나 그로서는 사도 세자를 죽인다는 생각은 없었고, 다만 임금의 명령을 수행한다는 한마음만 있었기에 조금도 죄책감이 없었다. 그 후 영조의 뒤를 이어 사도 세자 대신 왕위에 오른 정조 대왕은 아버지의 비참한 최후를 생각할 때마다 도무지 마음이 편치 못했다. 자신이 왕위에 오른 마당에 생부인 사도 세자를 뒤주 속에 넣은 장본인인 구선복을 그냥 둘 수는 없는 노릇이었다. 그래서 정조는 구선복을 참형에 처하라는 명을 내렸다.

구선복이 수레에 실려 형장으로 끌려갈 때였다. 길가에 있던 구경꾼 중의 한 사람이 그에게 다가와 물었다.

"당신은 무슨 죄를 지었길래 참형을 당하게 되었소?"

구선복이 대답하였다.

"나는 오로지 나라에 충성하는 마음으로 임금님의 명령을 수행하였을 뿐, 잘못한 일이 아무것도 없소이다."

구경꾼이 말하였다.

"당신이 추호도 잘못한 일이 없다면, 하늘도 당신을 가엾이 여겨 죽음을 당하게 하지는 않을 것이 아니겠소?"

구선복이 생각하니 그 말이 옳았다. 그는 하늘을 향해 소리쳤다.

"저는 하늘을 우러러 조금도 부끄러운 일을 하지 않았습니다. 원컨대, 제 말이 틀림없다면 이 수레가 멈추도록 하소서!"

과연 그 말이 떨어지자마자 수레가 딱 멈추더니, 포졸들이 아무리 끌려 해도 꿈쩍도 하지 않았다. 구선복의 마음에 조금도 미안함이 없었기에 하늘을 향해 외치는 순간, 그 마음이 우주와 하나가 되면서 우주가 정지한 것이었다.

한편 조정에서는 난리가 났다. 참형을 받으러 가던 죄인의 수레가 멈추어 움직이질 않다니, 필시 무고한 사람을 죽이려 하니 하늘이 노한 것이라고 민심이 들끓을 판이었다. 그렇다고 정조로서는 아버지를 참혹하게 죽게 한 자를 살려 둘 수도 없었다.

정조는 영특한 임금이었다. 정조는 곧 측근에게 구선복의 행적을 어릴 적부터 샅샅이 살펴 조금이라도 잘못한 일이 있으면 알아 오도록 시켰다. 그러나 구선복은 워낙 강직하고 충실하여 조그마한 비리조차 쉽게 찾아낼 수가 없었다. 그런데 딱 한 가지 시비할 만한 일이 있었다. 구선복이 어릴 적에 조숙해서 그랬는지 유모에게 부정한 짓을 하려다 들켰던 일이 있어서 빌미가 잡힌 것이었다. 정조는 부랴부랴 구선복에게 사람을 보냈다.

"너는 어릴 적에 유모에게 못된 짓을 하려다가 들킨 일이 있지 않느냐! 그런데도 하늘을 우러러 조금도 부끄러운 일을 한 적이 없다고 큰소리칠 수가 있단 말이냐?"

구선복이 생각해 보니 그 일만은 마음에 걸렸다. 순간, 구선복의 마음은 흔들렸고, 우주와 하나가 되었던 그 마음이 분리되면서 수레 바퀴가 앞으로 구르기 시작하였다. 그렇게 해서 그는 참형을 당하고 말았다.

그가 그때 부끄러운 짓을 했다는 그 마음을 부처님께 바쳤더라면 좋았을 것을…….

석가여래 문하에 들어와 제자가 된 사람들은 출신 계급과 교육 수준과 자란 환경이 각양각색이었다. 높은 지성을 갖춘 제자들이 있었는가 하면, 깡패나 도둑이나 걸인이었던 사람조차 있었다. 그래서 이들이 비록 세존의 가르침을 거울로 삼아 수도를 했지만, 과거의 습관을 버리지 못해 때로는 사회적 지탄이 될 만한 일을 저지르는 경우도 있었다. 그래서 부처님께서는 "살생하지 말아라. 도둑질하지 말아라. 간음하지 말아라. 이를 어기는 사람은 성불할 수 없다."하는 계율을 만들어 그들을 단속하게 되었다.

　그 후, 제자들은 공부가 상당히 진전되어 저마다 자신의 전생을 볼 정도에 이르렀다. 그런데 그들이 자기들의 전생을 보니 무수히 많은 살생, 도둑질, 간음으로 얼룩져 있는 것이 아닌가. '살생, 도둑질, 간음의 계율을 어기면 성불할 수 없다고 하셨는데, 이제 우린 다 틀렸구나.' 그들은 그만 낙심하였다.

　이 마음을 본 문수보살이 갑자기 석가여래께 달려들어 죽이려 하였다고 한다. 무슨 뜻일까?

마음에 그리는 대로 되어진다

부처님이 어떠한 분인지를 마음에 그리지 말아라.

미륵존여래불은 다음에 오실 부처님이니 어떠니 하는 분별 또한 갖지 말고 그냥 '미륵존여래불' 하여라.

흔히 '아미타불'을 염송하는 사람들은 수염이 텁수룩한 영감을 마음에 그리고, '관세음보살'을 염송하는 사람들은 예쁜 여인을 마음에 그리기 때문에, 다음 생에 텁수룩한 영감 모습이나 예쁜 여자의 몸을 받은 경우가 많다는 이야기가 있다.

부처님은 형상이 없는데 상상하는 것은 곧 제 마음이니, 주의할 일이다.

나에게는 세상을 제도하겠다고 나선 많은 젊은이들이 찾아온다. 불쌍한 사람들을 돕겠다, 사회를 정화해 보겠다, 인류에 봉사하겠다…….

나는 그들에게 말해 준다.

"불쌍한 사람들을 돕고 많은 사람들을 선도하는 것은 자비심이니 좋은 일이다. 그러나 그대의 정도를 모르고 그런 일을 한다고 나서지 말아라. 그대의 능력이 부족할 때, 사회에 이익을 끼치기는커녕 오히려 폐만 끼칠 것이다. 또 그대가 불쌍한 사람들을 돕는다고 하면, 그대 마음에 그런 사람들을 그리게 되어 그대 자신이 그처럼 될 염려가 있다. 어리석은 사람들을 교화한다고 그들을 마음에 그리면, 그대 자신이 어리석게 될 염려가 있다. 도둑 소굴로 들어가 도둑을 교화한다고 산으로 올라간 스님이, 삼 년만 되면 그들과 함께 도둑질을 하러 마을에 내려온다는 이야기가 있다. 무슨 일이든지 부처님을 즐겁게 해 드리기 위해서 한다고 생각하여라. 그리하면 그대 마음에 불쌍함과 어리석음을 그리지 않고도 그들을 도우면서 부처님 광명을 향하게 될 것이다. 제도는 오직 부처님만이 하시는 것이다."

우리가 다음 생에 어떤 몸을 받을지는 전적으로 이 생에 어떤 원인을 만드느냐에 달려 있다. 예를 들어, 소의 몸을 받는 경우 두 가지 원인이 있다. 하나는 실제로 소의 마음을 연습하는 경우다. 소의 마음이란, 현실에만 만족하고 미래에 대해서는 전혀 생각할 줄 모르는 어두운 마음이다. 저 소를 보아라. 현실에 안주하여 아주 만족한 표정으로 걸음조차 뚜벅뚜벅 한가하지 않은가. 이러한 마음을 연습하면 소의 껍질을 쓰게 되는데, 이 경우는 그 뿌리가 깊어 소 몸을 벗어나기가 쉽지 않다.

다른 하나는 마음에 소를 그려 갖는 경우다. 마음에 소를 그리면 그것이 몸으로 나타나게 된다. 마음이 순수하면 더 빨리 확실하게 소의 껍질을 쓰게 된다.

옛날, 중국에 천여 명의 제자를 거느리던 유명한 스님이 있었다. 스님은 법문 시간에 자주 소의 덕성을 예로 들어 가며 칭찬을 아끼지 않았다. 물론 그도 마음에 소를 그리면 소가 된다는 이치쯤이야 모르지 않았으며, 조심도 하였을 것이다.

세월은 흘러 스님이 세상을 하직하게 되었다. 임종을 지키던 한 제자가 스님에게 물었다.

"스님께서는 내생에 어디로 몸을 받아 가십니까?"

제자의 물음에 정신이 번쩍 든 스님이 자신의 내생을 관찰하니 아뿔싸, 거의 소가 다 되어 있었다. 그래서 스님은 그만 깜짝 놀라 낙심하고 말았다.

기록에는 여기까지 나와 있는데, 후세에 눈 밝은 이가 있어 그 스님의 후생을 관찰하니 역시 소 몸을 받았다. 자신이 소의 껍질을 쓴 것처럼 느껴지는 순간, 그 생각을 얼른 부처님께 바쳤더라면 좋았을 것을…….

소 몸을 받은 그 도인 스님은 자신의 신세가 기가 막히다고 생각하게 되었는데, 보름달이 뜬 어느 밤, 달을 보고는 큰 소리와 함께 스스로 몸을 바꾸었다.

남을 억누르는 마음은 말[馬]의 마음이다. 남을 억누르는 연습을 많이 하면 말의 몸을 받게 된다.
　옛날, 중국에 유명한 스님이 있었다. 스님은 법문을 잘해 대중에게 법문을 할 때면 하늘에서 늘 꽃비가 내렸다고 한다. 이렇듯 대단한 위엄과 신통력을 지닌 스님이었지만, 아상(我相)은 대단하였던 모양이다.
　어느 눈 밝은 스님이 이 스님에게 물었다.
　"저처럼 열광하는 많은 대중에게 어떻게 법문하십니까?"
　스님이 대답하였다.
　"나는 법문한다는 생각 없이 법문을 합니다."
　그런데 이 스님은 후생에 그 유유자적하던 말씀과는 달리 수레를 끄는 말의 몸을 받게 되었다. 다만 이 말은 이마 복판에 흰 점이 뚜렷해서 여느 말과는 달라 보였다. 어쨌든 기막힐 일이 아닌가. 어느 날 그 눈 밝은 스님이 거리에서 짐수레를 끄는 말을 보고, 바로 그 스님의 환생임을 알아보았다. 스님은 말에게로 다가가 큰 소리로 외쳤다.
　"법문을 한다는 생각 없이 하듯이, 수레도 끈다는 생각 없이 끌어 보렴!"
　본래 선근이 있었던지라, 말은 그 소리에 앞발을 번쩍 들더니 스스로 고꾸라져서 몸을 바꾸었다.

우리 나라에 금선대라는 명칭을 가진 곳이 세 군데 있다. 그 중의 한 곳이 묘향산에 있는 금선대다.
 옛날, 이 곳에서 두 스님이 열심히 수도를 하고 있었다. 그러던 어느 날 한 스님이 그만 수도 생활에 싫증이 났다. 그 동안 실컷 닦았으니 수도는 좀 쉬었다 하고, 한양이라는 곳이 어떻게 생긴 곳인지 한번 구경이나 하고 와야겠다고 생각하였다.
 스님은 부랴부랴 짐을 꾸렸다. 그러고는 한양을 향해 길을 떠났다. 묘향산에서 나와 박천을 지나 막 어느 푸줏간 앞을 지날 때였다. 우연히 푸줏간을 들여다보니, 한 젊은 백정이 날카로운 칼로 한참 고기를 벼르고 있었다. 난생 처음 보는 광경이었다. 하도 신기하여 넋을 잃고 바라보니, 날랜 손놀림으로 뼈와 뼈 사이 구석구석 붙어 있는 살점까지 깨끗이 발라내는 백정의 솜씨가 혀를 내두를 정도였다. 그는 감탄한 나머지 생각하였다.
 '옳거니, 마음도 저 백정이 뼈마디 구석구석까지 살점을 발라내듯이 그렇게 철저히 닦아야겠구나!'
 생각이 여기에 미치자, 스님은 철저히 닦는 것을 배우기 위해서 즉시 몸을 버리고 그 푸줏간 집의 아들로 태어나게 되었다. 마침 젊은 백정은 아내를 맞이하여 아기를 간절히 원하던 때였으므로……

아상이 많이 닦인 순수한 마음의 소유자는 한 생각에 빠지면 즉시 일이 성사되는 법이다.

푸줏간 집 아들로 태어난 스님은 나이가 들면서 소원대로 고기 다루는 일을 하게 되었다.

한편, 묘향산에 남아 수도를 계속하던 스님은 세월이 흘러 어느덧 팔십여 세가 되었다.

'누가 곁에 있어야 죽으면 시체라도 거두어 줄 텐데……. 한양 구경 떠난 스님은 영 돌아오지 않으려나. 떠난 지 벌써 이십여 년이 되었는데도 소식이 없는 걸 보면, 분명히 무슨 일이 생긴 게지.'

스님이 정(定)에 들어 관찰해 보니, 그 스님은 멀리도 안 가고 박천 언저리에서 푸줏간 백정이 되어 있었다. 스님은 그를 찾아나섰다. 박천을 지나 한양으로 가는 길목에 그 푸줏간이 있었다. 푸줏간 안을 들여다보니, 과연 열심히 고기를 다루는 젊은이가 있었다.

'흐음, 그래 한양 구경도 못 해보고 겨우 푸줏간 백정이 되었구먼.'

닦아서 도를 깨쳐야 할 사람이 고기 다루는 일에 빠져 있는 것이 측은하고 안타깝기도 하여, 스님은 그를 다시 발심시키기로 하였다. 스님은 푸줏간 앞에서 크게 세 번 목탁을 두드렸다.

목탁 소리를 들은 젊은 백정은 제정신이 들며 자신의 전생을 기억해냈다. 그는 즉시 칼이며 도마며 고기를 다 내던지고 스님을 따라 나섰다. 집에서는 훌훌 털고 나가는 아들을 붙잡을 엄두도 못 내고 멍하니 보고만 있을 뿐이었다. 그도 그럴 것이, 본래 그 푸줏간 집과는 아무런 업보가 없었던지라 감히 붙잡지를 못했던 것이었다.

묘향산으로 가는 길. 새파란 젊은이와 머리가 하얗게 센 노장 스님이 서로 반말을 하며 박장대소를 하니, 지나가는 사람들은 눈이 휘둥그래졌다. 그러나 내용을 아는 두 사람은 아무런 격의 없이 대화를 나누었다.

닦는 이라면 다른 길에 빠졌다가도 그 젊은 백정과 같이 목탁 소리에 미련 없이 털고 일어나, 다시 수도에 전념할 수 있어야 한다.

내 밑에서 공부하는 한 청년이 물었다.

"몇 년 전 친구를 만나기 위해 그가 다니는 학교 기숙사에 놀러 간 적이 있었습니다. 그 곳에서 친구의 선생님을 만나게 되었는데, 간단한 인사말을 나누고 헤어진 짧은 만남이었습니다. 그런데 이상하게도 그분에 대한 인상이 마음 깊이 새겨져서 잊혀지지가 않습니다.

요사이는 선생님 밑에서 수도 생활을 해서 그런 생각이 일어나지는 않게 되었습니다. 그러나 지금도 기이하게 생각되는 것은, 이성(異性)도 아닌 같은 남자끼리 어떻게 한 번 보고 그처럼 잠까지 못 이루도록 그리워질 수가 있느냐 하는 점입니다."

그와 유사한 경우를 내가 금강산에 있을 때도 구경한 적이 있다. 장안사에 법문을 하러 갔을 때였는데, 당시 대중 가운데 이십여 세 된 젊은이와 사십여 세 된 부인이 우연히 함께 자리를 하게 되었다. 처음 만남이었건만, 대면하는 순간부터 둘은 그만 서로에게 미쳐 버려서 상대를 칭찬하기에 정신이 없었다.

그러한 광경이 하도 이상스러워서 왜 그런가 하고 그 원인을 살펴보니, 사십대 부인네와 이십대 젊은이는 전생에 부자지간으로 생활이 매우 궁핍

하였다. 그래서 아버지였던 부인네가 아들이었던 젊은이를 데리고, 이 절 저 절 얻어먹으며 떠돌아다녔다. 그러다가 아버지는 그러한 생활에서 벗어나고자 아들을 어느 절에 맡겨 놓고는 기반을 잡으려고 먼 곳으로 떠났다. 그러나 아버지는 절에 맡겨 둔 아들을 잊을 수가 없었고, 어린 아들 역시 아버지를 그리며 지냈다.

이들은 서로 다시 만나지 못한 채 세상을 떠났다가, 금생에 장안사 법회에서 비로소 만나게 된 것이었다. 전생의 일을 기억하지는 못하나, 그리던 마음들이 교감하여 처음 보는 순간부터 애끓는 감정이 일어나게 된 것이다.

이런 종류의 감정을 놓고 심리학에서 이러쿵저러쿵하지만, 그것은 다 제 소리일 뿐 사실과 다르다. 모두 전생에 원인이 있어 일어나는 현상들이다. 그런 감정이 마음에 남아 있으면, 그 마음이 밝아지기가 매우 어렵다.

어떤 사람을 대할 때 마음이 예사롭지 않다면, 필시 그 사람과 전생에 엮어 놓은 원인이 있을 것이니, 그 마음을 닦아 해탈하여야 한다.

그립다거나 밉다거나 하는 생각이 나거든, 그 생각을 얼른 부처님께 바쳐라. 그런 생각이 없어진 듯하여도, 혹시 숨겨진 감정의 찌꺼기라도 남아 있는지 일부러 찾아서라도 바칠 일이다.

하동(河東) 칠불암에서 일곱 분의 스님이 수도를 하고 있었다. 어느 날, 새로 부임한 원님이 초도 순시차 칠불암에 오게 되었다. 조선 시대에는 불교의 권위가 땅에 떨어져, 스님들을 불러다 노역도 시키고 도성 출입도 금지시키곤 하였다. 따라서 스님들에게 원의 존재란 대단한 것이었다. 그런 원이 칠불암에 나타났는데, 어찌된 일인지 영접하는 스님이 아무도 없었다. 호기가 등등했던 원 일행은 그만 어안이 벙벙해져서 스님들 방문을 열어 보았다.

방안에서는 일곱 명의 스님들이 참선을 하고 있는 듯했는데 그 광경이 가관이었다. 한 스님은 손으로 턱을 고인 채 배를 깔고 엎드려 있었고, 한 스님은 다리 한 쪽을 들고 서 있었다. 그런 식으로 일곱이 저마다 괴상한 자세를 취하고 있으면서 한결같이 아무도 원 일행을 쳐다보지 않는 것이었다. 매우 기분이 상한 원은 그 중에 나이가 가장 어려 보이는 스님을 지목해서 곤장을 치도록 명령을 내렸다.

그런데 곤장을 맞는 스님은 조금도 반항하는 기색이 없어 보였다. 자세히 보니 몸이 비쩍 말라 비실비실한 것이 산 속에 앉아 잘 먹지를 못해 그런 것 같았다. 갑자기 측은한 생각이 든 원은 일곱 대를 치고는 그만두도록 명령을 거두었다. 미안한 생각이 든 원은 고을로 돌아가며, 곤장 맞은 스님에게 삼 년 동안 양식을 대어 주도록 하는 좋은 마음을 냈다.

한편, 매맞은 스님은 아무리 생각해도 이유를 알 수가 없었다. '그 원은 도대체 나를 왜 때렸으며, 또 때렸으면 때렸지 양식은 왜 주는 것일까.' 스님이 이러한 의문을 곰곰이 생각하며 수도를 하던 중, 삼 년쯤 되니까 그 이유를 알 수 있었다.

어느 생인지 알 수는 없는데, 그 스님이 어떤 암자에 행자로 있었다. 하루는 암자에 재가 들어와, 음식을 잘 차려 법당에 갖다 놓고 잠깐 부엌에 다녀왔다. 그런데 그 사이, 동네에서 가끔 올라오는 큼직한 개 한마리가 법당에 들어와 상 위에 놓인 떡 한 조각을 물고 나오는 것이었다. 이를 본 행자는 불공드리려고 차려 놓은 떡을 못쓰게 만든 개가 괘씸하게 생각되었다. 그래서 발로 걷어차니, 개는 입에 물고 있던 떡을 떨어뜨리고 비명을 지르며 도망갔다. 그 꼴을 보자니 불쌍한 마음이 일었다. 어차피 그 떡으로 불공드릴 수도 없는 일, 행자는 얼른 땅에 떨어진 떡을 집어 개에게 던져 주었다.

전생의 그 개는 절에 자주 드나들며 부처님을 향했던 공덕으로 사람 몸을 받아 그 고을 원이 되었다. 개에게 발길질한 인연은 곤장 일곱 대, 던져 준 떡은 삼 년 먹을 양식으로 돌아온 것임을 알고, 스님이 노래를 남겼다.

발길질 한 번 하고 떡 한 조각 주었더니
곤장 일곱 대에 삼 년 먹을 양식으로 돌아오더라.

내게 누이동생뻘 되는 친척이 하나 있는데, 일쑤 정신이 오락가락하여 여러 차례 청량리 정신 병원의 신세를 진 일이 있다.
　왜 그렇게 되었나 살펴보니, 그 아이가 전생에 부처님 공부를 하면서 좋다는 염불이면 닥치는 대로 무조건 다 했던 것이 그 원인이었다.
　부처님 명호를 부르면 좋다니까 더욱 좋아지려고 이 부처님 저 부처님 다 부르다 보면, 오히려 정신을 산만하게 만들어 후생에 그 아이처럼 될 염려가 있다.

마음에 간절히 그리면 그대로 되어진다. 그래서 중생은 시시각각으로 소원을 성취하지만, 아상이 있기 때문에 또 시시각각으로 불만을 갖게 된다.

　닦는다는 것은 절대적인 어떤 것을 이루는 것이 아니고, 그렇게 되고자 하는 바로 그 마음을 쉬는 일이다.

중국으로 유학을 가던 우리 나라의 젊은 스님 일행이 만주를 지나던 길에, 아주 유명한 스님이 있다는 가까운 절을 찾기로 하였다.

그런데 알 수 없는 일은, 막상 들른 절에서는 유명하다는 그 스님 이외에는 아무도 볼 수가 없었다. 젊은 스님들은 그 스님께 물었다.

"이 절에는 스님말고는 왜 아무도 보이지 않습니까? 스님께서는 상좌도 없으신지요?"

"상좌가 있긴 있소만, 모양이 흉칙해서 사람들에게 안 보이도록 하지요."

스님이 말했다. '얼마나 흉칙하길래 보여 주지 않는 것일까.' 궁금증이 더한 젊은 스님들은 "모양이 흉해도 좋으니, 스님의 상좌를 꼭 좀 뵙게 해 주십시오." 하며 노스님을 졸랐다. 한동안 묵묵히 있던 스님은 "그럼, 내 상좌를 봐도 놀라지 마시오." 하더니 "대공아!" 하고 큰 소리로 상좌를 불렀다. 그랬더니 갑자기 "어흥!" 소리가 나며 커다란 호랑이 한 마리가 나타나 스님 곁에 성큼 앉는 것이었다. 젊은 스님들은 간담이 서늘해져서 몸둘 바를 몰랐다. "소공아!" 하고 다시 큰 소리로 부르니, 또 다른 호랑이가 나타나 스님의 다른 쪽 옆에 앉았다.

겨우 마음을 가다듬은 젊은 스님들이 물었다.

"큰스님의 상좌들은 어찌해서 모두 호랑이가 되었습니까?"

이에 노스님은 "관세음보살." 할 뿐 더 이상 말이 없었다.

그 노스님이 제자들을 가르칠 때에 '관세음보살'을 깨쳤더라면, 제자들이 그를 보고 호랑이처럼 무서운 스님이라고 하지는 않았을 것이다. 그러나 그가 '관세음보살'을 염송하긴 했어도 그 뜻을 깨치지 못했기에, 즉 자비심을 깨치지 못했기에, 제자들은 스승을 호랑이처럼 무섭게 여긴 나머지 마음에 호랑이를 그리게 되어 다음 생에 호랑이가 된 것이 아니겠는가.

일체 법은 깨친 사람이 보면 그냥 부처님 법이지만, 깨치지 못한 사람이 보면 그대로 칼날이 될 수도 있다.

　금강산을 놓고, 어떤 사람은 산봉우리들이 뾰족뾰족한 것이 마치 창검처럼 날카롭다고 고약하게 보지만, 어떤 사람은 시원시원하고 씩씩하게 본다. 이처럼 같은 대상을 두고 다르게 보는 것은 그 마음 씀씀이가 다르기 때문이다.

　숙종 때의 학자 송시열이 금강산 구경을 갔다. 그는 구룡연 폭포 앞에 서서 이백오십여 척이나 되는 높다란 산봉우리에서 굉음을 내며 쏟아져 내려오는 은빛 물기둥과 물보라를 보고, 마치 산이 찡그리고 물이 성내는 것과 같다고 시를 읊었다.
　같은 시대 사람인 허미수 역시 구룡연 폭포를 두고 시를 지었다. 그러나 그는 송시열과는 달리 폭포의 물기둥과 물보라가 너울거리는 한 폭의 비단 같다고 했다. 같은 폭포를 두고 두 사람은 어떻게 그리 다르게 보았을까.
　송시열은 마음에 진심(성내는 마음)이 있었기 때문에 폭포에서 두려움을 느꼈던 것이며, 그 진심이 원인이 되어 말년에는 사약을 받고 죽게 되었다.

허미수는 그 마음이 평화로웠기 때문에 폭포를 평화스럽게 보았다. 그의 평화스러운 마음 씀씀이처럼 그의 일생 또한 평화로웠고 재앙이 없었다.

이와같이 보고 듣고 말하는 것이 모두 제 마음이니, 바로 제 마음 들여다보고 거기 무슨 그림이 그려져 있는지 알아 제 모습을 닦아야 할 것이다.

삼생(三生) 전, 나는 강사였고 나의 스승은 선객이었다. 하루는 스승께서 돌아가시게 되었다고 기별이 왔다. 급히 스승께 달려가니, 스승은 벌써 단정히 가부좌를 하고 앉아 임종을 맞을 채비를 하고 계셨다. 그러나 마지막 사선을 넘게 된 순간에는 정신력이 모자랐던지 다리를 뻗고 몸이 기울어지는 것이었다. 그 광경을 보고, 생명의 의복인 육체를 벗어나는 일쯤이야 자신 있다고 자만하던 나는 속으로 은근히 불만스러운 생각을 가졌다.

　그 후 십년이 지나, 바로 나 자신의 임종을 맞게 되었다. 살을 오려 내고 뼈마디가 무너지는 듯한 죽음의 고통은, 내가 생각했던 것처럼 쉬운 것이 아니었다. 나는 그만 고통에 못 이겨 벌떡 일어섰으나 더욱 견딜 수가 없어, 한 팔을 높이 뻗쳤다가 두 팔을 함께 올렸다가 이 다리 저 다리를 번쩍 들었다가 나중에는 주저앉아 최후를 마쳤다. 그런 줄도 모르고, 임종을 지키던 내 제자들은 스승이 춤을 추다가 돌아가셨다고 했다.

　한편, 나의 영가는 허우적거리는 혼미한 정신 때문에 그만 음기에 꽉 둘러싸이게 되어 나아갈 틈을 찾을 수가 없었다. 그런데 마침 방에 앉았던 한 중이 문을 열고 나가는 틈에 따라나왔고, 그 중이 은밀히 사귀던 고개 넘어 어느 여인의 몸에 붙어 사내 아기로 태어나게 되었다.

　내가 일곱 달이 되었을 때, 밭일을 하러 산에 올라가면서 여인은 나를 산 중턱의 아늑한 자리에 재워 놓고 갔는데, 한낮이 되자 볕이 너무 뜨거워 나는 일사병으로 죽게 되었다. 곧 다른 여인한테서 다시 태어난 몸이 지금의 나인데, 그 따가운 햇볕에 견디기 힘들어 성내는 마음(진심)을 가지고 몸을 바꾸게 되었기에, 나는 어려서 손에 닿는 것마다 부수는 습관이 있었다.

아상은 몸뚱이 착이며 음탐심이다

몸뚱이 착(着)과 음탐심과 아상은 결국 다 같은 말로, 아상(에고)이 있기에 탐심(貪心)과 진심(嗔心)과 치심(痴心)이 나오는 것이다. 내가 어렸을 때, 절에 가 보면 소변 보는 측간에 둥그런 고리가 달려 있었다. 이 고리를 달아 놓은 이유는, 소변 나오는 물건은 더러운 것이므로 차마 손댈 수 없으니 고리에 넣고 소변을 보라는 것이었다. 그것을 불결하다거나 성스럽지 못하다거나 혹은 부끄럽다고 감추는 마음의 근거는 대체 어디에 있을까. 그건 자기 마음에 음탐심이 있기 때문일 것이다.

　알고 보면, 이 세상 모든 일이 이 음탐심에서 비롯된다고 보아도 과히 틀리지는 않으리라. 그러나 음탐심이 일어난다고 하여 그 생각을 기피하거나 혐오해서는 안 된다. 그 생각을 눌러 참으려 해서는 더욱 안 된다, 그 생각을 부처님께 바쳐서 음탐심의 정체를 깨쳐야 하는 것이다. 그 한 생각 잘못 다루어 나쁜 결과를 초래하는 경우가 적지 않다.

　마음에 좋고 싫음이 있으면, 아직 재앙이 남아 있다는 증거다.

어느 유명한 소설가가 수술을 받는다기에 무슨 원인인가 살펴보았다.
 그는 전생에 중이었는데, 수도 생활을 하면서 가장 견디기 힘든 것이 음탐심이었다. 이리 해도 안 되고 저리 해도 안 되었다. 마침내 그는 생식기에 뜸을 떠서 성욕이 일어나는 것을 방지하려고 하였다. 그러나 그로 말미암아 생식기만 불구가 되었을 뿐, 마음은 좀처럼 음탐심에서 벗어나지 못하였다. 그리하여 후생에는 콩팥 수술을 받아야 하는 과보를 받게 된 것이고 그러고도 그의 마음은 여전히 음탐심으로 가득하였다. 그의 소설을 보면 온통 사랑 타령뿐이니…….

 한 남자가 나를 찾아와 하소연하였다. 부인을 얻으면 죽고, 또 얻으면 죽고 하여 상처를 아홉 번이나 하였다는 것이다.
 그 사람의 전생을 살펴보니, 그 역시 전생에 수도승이었다. 그는 여자 생각이 머리에서 떠나지 않아 매우 괴로웠다. 그래서 '빌어먹을! 이 세상 여자들이 다 없어져 버렸으면 좋겠다.'고 저주하곤 하였다. 그 마음이 원인이 되어 금생에 아홉 번이나 상처를 당하는 결과를 맞게 된 것이다.

자신의 몸뚱이 착을 다스릴 수 있어야 상대를 다룰 수 있다. 남자가 여자를 다룰 수 있으려면, 여자와 한방에서 자더라도 마음이 동하지 않도록 자기 몸을 다스릴 수 있어야 한다.

 중국 역사에는 여자 임금이 딱 한 사람 있다. 바로 당나라 측천 무후다.
 측천 무후는 훌륭한 남자를 곁에 두고 국정에 대한 의견을 듣고 싶었지만, 아무래도 주위의 눈총이 두려웠다. 그래서 그이는 좋은 꾀를 생각해 냈다. 당대의 덕망 높기로 유명한 두 스님을 궁궐로 초대한 것이었다. 한 스님은 국사(國師)로 있던 충국사(忠國師)였고 또 한 스님은 신수(神秀)대사였다. 함께 있으려면 조금이라도 여색을 탐해서는 안 되겠기에, 측천 무후로서는 두 스님 중에 좀더 여색에 초연한 스님을 고르려는 것이었다.
 "스님들도 때로는 여자 생각이 나십니까?" 측천 무후가 두 스님들을 떠보았다. 이에 대해 충국사는 "우리는 절대로 그런 일이 없습니다."라고 답하였다. 그러니 신수대사는 "몸뚱이 있는 한 그 생각이 없을 수 없겠지만, 다만 방심치 않을 뿐입니다."라고 하였다.
 두 스님의 얼굴 빛을 보고 느끼기에, 충국사는 분별심이 있을 것 같은데 전혀 없다 하고, 신수 대사는 분별심이 전혀 없을 것 같은데 있다 하니, 참으로 알 수 없는 노릇이었다.

측천 무후는 두 스님을 목욕탕으로 들여보냈다. 그러고는 반반해 뵈는 궁녀 몇을 홀딱 벗겨서 스님들 때를 닦아 드리게 하였다. 그래 놓고 자신은 목욕탕 꼭대기 유리문을 통해 스님들을 관찰하였다.

그런데 이게 어찌된 일인가. 절대로 여색에 동하지 않는다던 충국사는 몹시 흥분하여 어쩔 줄을 몰라 했고, 몸뚱이 착이 없을 수 없다던 신수 대사는 여여(如如), 조금도 달라짐이 없었다.

측천 무후는 "물에 들어가니 길고 짧음을 알겠더라·〔入水에 見長이라〕." 하는 시를 짓고, 이후 신수 대사를 곁에 늘 모시고 국정을 의논하였다.

충국사가 "우리는 절대 그런 일 없다."고 한 것은 남을 꾸짖는 말이니, 성내는 마음이다. 성내는 마음은 곧 몸뚱이 착이니, 이런 사람이 음탐심이 없을 수 없는 것이다.

측천 무후와 함께 있게 된 신수대사는 참 잘 되었고, 또 잘 안 되었다. 무엇이 잘 안 되었나. 임금 곁에 매어 있어 자유롭게 수도할 수 없었으니, 잘 안 되었다는 것이다. 무엇이 잘 되었나. 여왕 곁에 매어 있어 잠시도 방심할 수 없이 몸뚱이 착을 닦아야만 했으니, 그것이 참 잘 되었다는 것이다.

남을 흉보는 것이 재미있으면, 자기 마음에 진심(성내는 마음)이 있는 줄 알아라.

'나'라는 놈의 정체는 실상 몸뚱이 착이다. 몸뚱이 착은 일정하지 않아 항상 무엇인가 하겠다고 설친다. 그러다가 그것이 제 뜻대로 되지 않으면 성내고 한탄하기 일쑤고, 되는 듯하면 좋아 어쩔 줄을 모른다.
 파리는 더러운 곳과 깨끗한 곳을 가리지 않고 마구 달라붙는다. 그러나 뜨거운 곳에는 접근하지 않는다. 아니, 접근할 수가 없는 것이다.
 파리와 마찬가지로 몸뚱이 착은 무엇에든 잘 달라붙지만, 부처님께 바치는 그 마음에는 달라붙지 못한다. 거기에는 업보가 없기 때문이다.

몸으로 밝은 자리를 향해 복 지어야
지혜가 밝아진다

지혜가 나는 데 필요한 조건이 있다면, 반드시 몸으로 부처님을 향해 복을 짓는 일이다.
　복이란 몸뚱이에 대해 '미안함'이 없는 것을 말하며, 복 지은 결과는 세상을 대할 때 부드럽게 느껴지는 것이다. 이를테면 재앙이 사라진 상태다.
　혜(慧)란 마음에 대해 '미안함'이 없는 상태로, 복과 혜는 몸과 마음의 관계와 같이 서로 밀접한 관계에 있다. 따라서 마음에 미안함이 없으려면, 몸뚱이에 미안함이 없어야 한다. 그러나 이 둘의 성질은 다르다. 나쁜 인연을 만나게 되면, 복 지은 것은 무상하여 앗길 수도 있으나, 지혜는 영원하여 흔들림이 없다.
　무슨 생각이든지 부처님께 바치고 무슨 일이든지 부처님 즐겁게 해 드리기 위한 마음으로 한다면, 몸으로는 복을 짓는 것이고 마음이 부드러워져서 평화를 얻게 되고 지혜를 밝힐 수 있을 것이다.

참선하는 이들 중에는 일초직입 여래지(一超直入如來地)라는 말만 믿고, 몸으로는 아무것도 하지 않고 마음 속만 들여다보면 어느 순간 갑자기 깨달을 것같이 생각하는 사람이 적지 않다. 그러나 그것이 말처럼 쉬운 일은 아닐 것이다. 설사 확 터져 깨쳤다고 한들, 불가사의한 부처님의 살림살이를 알 도리가 있을까. 장님이 눈을 떠도 색깔을 제대로 구분하려면 삼 년이 걸린다고 한다.

이런 사람들은 도통을 하기보다, 도통을 한꺼번에 잡아먹겠다는 탐심으로 말미암아 도리어 위장병에 걸릴 수가 있다. 그러니 빨리 도통하겠다는 욕심을 버리고, 몸뚱이를 한가하게 놓아두지 말고, 자기에게 주어진 일은 피하려 하지 말고, 세간의 일이건 출세간의 일이건 모두 밝으신 부처님을 향해 복 짓는 마음으로 부지런히 하여라.

정신은 절대로 가만히 두고 몸뚱이는 규칙적으로 움직여야, 몸과 정신이 건강해지고 안정되어 지혜가 드러나는 것이다. 그런데 이와는 반대로 몸은 한가하게 두고 정신을 들들 볶는다면, 이는 밝은 길을 등지고 사는 것이다.

아상이 있으면 내생에서의 일이요, 아상이 없으면 지금 이 자리에서의 일이다.

어떤 사람이 재산을 몽땅 털어 생전 예수재(豫修齋)를 지냈다. 예수재를 잘 지냈으니, 생전에도 복을 받고 죽은 후에는 좋은 곳에 가야 할 터였다. 그런데 복을 받기는커녕, 그는 당장 먹고 살기도 어려운 형편이 되고 말았다. 이게 어찌 된 일인가.

부처님께 돈이나 물건을 공양한다는 것은, 거기에 애착하는 마음을 부처님께 바쳐 해탈한다는 뜻이다. 돈이나 물건에 대한 애착심에서 벗어나면 그만큼 자유로워지니 복이 된다는 말이다.

그러나 예수재를 지낸 그 사람의 마음에 재산을 다 바쳤다는 아상이 남아 있다면, 그가 바라는 바를 금생에 이루기는 어려울 것이다.

스스로 황당하리만큼 보시를 하고도 그 구하는 바가 성취되지 않는다면 낙심이 될 것이다. 낙심이 되면 공부하려는 마음조차 떨어질 것이니, 이는 곤란한 일이 아닐 수 없다.

단번에 깨쳤다는 육조 스님의 경우는 여느 사람의 경우와는 다르다.

생이지지(生而知之)라는 말이 있는데, 이는 태어날 때부터 무엇이든 다 안다는 뜻이다. 어느 정도 수도가 된 사람은 이 세상을 떠나기 사흘 전에는 자신이 어떻게 세상을 떠나게 되는지 알게 되어 미리 준비를 해 놓는 경우가 있다. 이것은 임종이 가까워짐에 따라 수도하겠다는 아상(我相)이 쉬기 때문에 나타나는 지혜다. 만일 좀더 수도가 잘 되었을 경우에는 그 훨씬 전부터라도 알 수 있게 된다. 이렇게 세상을 다 알고도 몸뚱이를 삼 년 이상 유지할 수 있게 되면, 다음 생에서는 배우지 않아도 날 때부터 무엇이든 다 알게 되는데, 육조 스님의 경우가 바로 그렇다. 그래서 스님께서는 "제 마음 속에 선지식이 있어서 스스로 깨닫게 된다."고 말씀하신 것이다.

태어날 때부터 마음 속에 선지식이 있다는 것을 아신 육조 스님의 법문이나 경계를 여느 사람이 흉내내서 단번에 깨치려고 한다면, 그 일이 과연 이루어지겠는가.

자신의 마음을 들여다보면 선지식이 아니라 온갖 탐욕과 악심으로 그득하니, 우선 그 마음부터 닦아야 하지 않을까.

공경심은 아상을 제거하는 데 매우 중요하다. 부처님 소리만 들어도 합장하는 마음을 연습하여라.

요즈음 공부하는 이들 중에 살불살조(殺佛殺祖)라 하거나 자신이 곧 부처라 하여 부처님께 대해 공경심을 내지 않는 사람이 있다. 달마 대사께서 부처를 죽이라고 하셨던 것은, 당신의 공부 중에 자주 나타나던 부처님 모습이 참 부처님이 아니라 사기(邪氣)였기 때문에 스스로 경계해서 하신 말씀이다. 여느 사람이 함부로 흉내 낼 바가 아니다.

신라 때 열두 살 먹은 아이가 중국에 가서 글을 배웠는데, 어찌나 글을 잘했는지 중국이 당시 신라 임금에게 내리던 벼슬이 은자광록 대부(銀紫廣祿大夫)였던 것에 비해, 그가 스물네 살 먹어 귀국할 때의 벼슬은 금자광록 대부(金紫廣祿大夫)였다. 그러니까 신라 임금보다 벼슬이 한 등급 더 높아져서 왔다는 뜻이다. 이분이 바로 한문 잘하기로 유명한 최치원 선생이다. 당시에는 중국에 유학을 다녀온 이들이 많았는데, 그들은 임금이나 그 친척들의 묘비에 새겨 넣을 비문(碑文)을 지어야 할 경우가 종종 있었다. 그래서 당시 왕족들의 비문에 명문장이 많은 것이다. 지금도 경상남북도에서는 한문을 잘하고 싶으면 고운 최치원 선생의 〈사산비명(四山碑銘)〉을 자꾸 읽으라고 한다.

　해인사의 어느 중이 한문을 잘하려고 〈사산비명〉을 자꾸 앉아 읽었다. 한 백여 일 동안 그렇게 읽었는데, 하루는 흰 수염이 길게 늘어진 노인이 지팡이를 짚고 나타나 한참 섰더니 그에게 말을 걸었다.

　"너 지금 무엇을 읽고 있느냐?"

　"〈사산비명〉을 읽고 있소."

　"누가 지은 것인고?"

　"최고운이 지었소."

그러자 노인은 더 말을 하지 않고 사라져 버렸다. 그렇게 읽기를 다시 백여 일 하자, 먼저 그 노인이 나타나 똑같은 말을 물었다. 중이 먼저와 마찬가지로 최고운이 지었다고 하니 노인은 다시 사라졌고, 세번째로 나타났을 때였다.

"너 무엇을 읽느냐?"

"〈사산비명〉이오."

"누가 지은 것인데?"

"최고운이 지었소."

"이놈아! 그래, '최고운 선생님이 지었습니다.' 하면 어디가 덧나느냐?"

노인은 호령을 하더니 사라졌다.

이 중은 자기가 한문 속히 배울 욕심만 있었지, 가르쳐 주는 이에 대한 고마움이나 공경심은 하나도 없었던 모양이다. 그때 노인이 지팡이를 들어서 그의 머리를 건드렸는지 어쨌는지, 그 후 그는 멍청해져서 "최고운, 최고운" 하는 말만 중얼거리며 돌아다녔다고 한다.

금강산에 들어가서 수도할 때의 일이다. 이십여 평이나 되는 암자에서 홀로 기거하며 청소하고 빨래하고 나무해 오고 하루 세 끼 밥을 지어 먹으면서 수도하자니, 여간 바쁘지가 않았다. 식사 횟수를 줄이면 한결 일이 줄어 수도에 전념하기가 쉬울 듯하였다. 그래서 어느 날부터 하루 한 끼만 먹기로 정하였다. 이는 석가여래처럼 하려고 한 것이 아니라, 많은 일을 하기가 벅찼기 때문이었다. 말하자면 게으름 탓이었다. 이런 사정도 모르고 나를 보러 암자에 온 사람들은 "석가여래와 똑같이 수도를 하시는군요." 하며 사뭇 감탄을 하는 것이었다. 이럴 때 저 잘난 생각이 들면 공부에 큰 장애가 되는 법, 깜짝 놀라 그 생각을 부처님께 바쳐야 한다.

　그러나 내가 소사에서 젊은이들을 지도할 때에는 하루 두 끼씩 먹게 하였다. 그것은 그들이 한창 정력이 넘치는 나이인지라, 세 끼를 다 먹으면 기운이 지나쳐서 음심을 다루기 어려울 것이고, 한 끼씩 먹으면 그 많은 목장 일을 감당하기에 힘이 달릴 것이기 때문이었다. 그 밖의 다른 뜻은 없었다.

부처님께 생각을 바친다는 관념을 반드시 가져야만 생각이 바쳐지는 것은 아니다. 익숙하지 못한 일에 익숙하게 되는 것 또한 모르는 사이에 바친 결과라 할 수 있다.

  예를 들자면, 풀을 처음 베는 사람은 누구나 낫질이 서툴다. 그러나 계속해서 낫질을 하는 동안 본인도 모르게 '서툴다.'라는 생각을 바치는 연습을 하게 되어, 이윽고 능숙하게 낫질을 할 수 있게 된다.

  잘 모르는 일이라 하더라도 누가 꼭 가르쳐 주지 않더라도 그 일에 몰두하다 보면 알아지게 되는데, 이 또한 바친다는 관념 없이 바쳐지는 경우다.

내 경험에 의하면, 대체로 화엄경을 읽던 사람들이 다음 생에서 많은 고통을 받는다. 화엄경에 나타나 있는 부처님의 웅대한 살림살이를 읽다 보니 뜻만은 하늘처럼 커지지만, 몸으로는 거기에 합당한 복을 짓지 못하고 땅에 처져 있어서 몸과 마음이 균형을 이루지 못하는 까닭이다.

　그대 마음 닦아 밝아지고자 한다면, 먼저 몸으로 부처님께 복을 지어라.

그 한마음 어떻게 닦나?

아침 저녁으로 금강경을 읽되, 실제로 부처님 앞에서 마음 닦는 법을 강의 듣는 자세로 믿고 읽어 실행하여 습관이 되도록 하여라.

궁리를 자신이 가지면 병이 되고, 참으면 그 견디는 힘이 다할 때 폭발하게 된다. 그러므로 그대 마음에 떠오르는 생각은 무엇이든지 거기에 대고 '미륵존여래불' 하여 부처님께 바치는 연습을 하여라. 부처님께 바친다는 것은 그대의 생각을 부처님과 바꾼다는 것이다. 바치는 연습을 함으로써 그대의 어두운 생각은 사라지고, 그 자리에 부처님의 광명이 임하게 된다. 부처님의 광명이 임한다는 것은 곧 아상이 녹는다는 뜻이다.

이와같이 수행을 하되 백 일을 한 기간〔一期〕으로 정하여라. 그 사이 자신에게 어떤 변화가 있는지를 살피면서 백 일씩 나누어 공부를 하다 보면 효과가 클 것이다. 육체는 규칙적으로 움직이고, 정신은 절대로 가만히 두어라. '부처님 날 좋게 해 주시오.' 하지 말고, '부처님 잘 모시기를 발원.' 하여라.

이와같이 하는 것이, 닦는 사람이 그 마음을 항복받는 방법이다.

공부하는 사람이 주의해야 할 일은, 실제로 공부를 하면 그뿐이지 어서 공부하겠다고 성화하지 않는 것이다. 열차를 타고 부산에 가고자 할 때, 표를 사서 부산행 열차에 탔으면 된 것이지 그 안에서도 빨리 가겠다고 달린다면 어찌될까?

'공부를 어서 하겠다.'는 마음은 탐심이고, '공부가 왜 안 되나.' 하는 마음은 진심이며, '이만하면 됐어.' 하는 마음은 치심이니, 이런 연습 안 하는 것이 수도일 것이다.

흔히 말하기를 탐심, 즉 욕심내는 마음은 버려야 한다고 한다. 그러나 탐심을 버린다는 것은 몸뚱이를 버리는 것으로, 먹고 사는 것을 포기하는 결과가 된다. 몸뚱이를 버리는 것은 올바른 수도가 아니다. 그러므로 탐심은 버릴 것이 아니라 깨쳐야 할 것이다. 부처님께 탐심을 바친다는 것은, 탐심을 없애는 것이라기보다 이 몸뚱이로 세상을 사는 데 알맞은 방법을 깨치는 것이다.

진심, 즉 성내는 마음은 반드시 닦아야 한다. 한 번 성내는 것이 백 가지 공덕을 태운다고 옛 사람은 경계하였다. 욕심내는 마음과 성내는 마음을 일으킨 결과는 저 잘났다는 생각인 치심을 불러일으킨다. 치심을 닦기 위해서는 자신이 한껏 못난 줄 알아야 한다. 자신이 못났다고 하는 것은 몸뚱이 착, 즉 아상이 못났다고 여기라는 말이다. 아상은 못났다고 해야 닦을 수 있지, 잘났다고 하면 닦을 수가 없기 때문이다.

아상이란 욕심내는 마음과 성내는 마음과 어리석은 마음이 뭉친 것으로, 마음을 닦는다는 것은 바로 아상을 소멸시켜 나가는 것을 말한다.

욕심내는 마음을 닦기 위해서는, 남에게 베푸는 연습을 하고 보수 없는 일을 연습하여라. 탐심이 그득한 마음에는 꿈에라도 남에게 주는 마음이 없기 때문에, 억지로라도 그렇게 연습하는 것이다. 이것이 보시(布施)바라밀이다.

성내는 마음을 닦기 위해서는 마음에 미안한 짓을 하지 말아라. 마음에 미안함이 쌓이면 성을 내게 된다. 이것이 지계(持戒)바라밀이다.

어리석은 마음을 닦기 위해서는, 자신이 아주 못난 줄 알고 다른 사람을 부처님으로 보아 배우고 공경하여라. 이것이 인욕(忍辱)바라밀이다.

이런 것들을 부지런히 행하는 것이 정진(精進)바라밀이다.

이와같이 하여 몸과 마음이 건강해지면, 마음이 안정되고 평화를 얻게 된다. 이것이 선정(禪定)바라밀이다.

그러면 세상 일에 미혹하지 않게 되고 점점 슬기로워져서, 자신과 세상을 바로 알게 된다. 이것이 지혜(智慧)바라밀이다.

탐심과 진심과 치심은 먹고 입고 잠자는 속에 깃들여 있으면서 의식주의 형태를 빌려 세상에 나타난다. 따라서 이를 제거하기 위해서는 의식주를 대할 때마다 '좋은 음식을 부처님께 바쳐 시봉 잘하길 발원.' ' 좋은 옷을 부처님께 바쳐 시봉 잘하길 발원.' '좋은 집을 부처님께 드려 부처님 시봉 잘하길 발원.'하고 원을 세워라. 그러면 탐심과 진심과 치심이 설 자리가 없어져서, 아상이 점차 소멸하게 된다.

저 깊은 바닷속, 햇빛이 한 점도 들지 않는 암흑 속에서 사는 물고기들이 있다. 이들은 알에서 깬 지 천 일이 지나면, 고기 세포가 발광 세포로 탈바꿈되어 스스로 바다 밑의 어둠을 밝히며 살아간다. 어떻게 그와 같이 될까. 그것은 주위의 암흑으로 말미암아 이들의 마음이 늘 밝음으로 향해 있기 때문이다.

우리 몸의 세포는 신진대사를 통해 일정한 주기로 바뀐다. 대략 살의 세포가 완전히 한 번 바뀌는 데에는 천 일, 뼈의 세포가 바뀌는 데에는 그 세 배인 삼천 일, 뇌의 세포가 바뀌는 데에는 다시 그 세 배인 구천 일이 걸린다.

흔히 수도자가 여느 사람과는 달리 살결도 부드럽고 청정해 보이는 것은, 이와 같은 이유에서일 것이다.

만일 그대가 천 일 동안 방심하지 않고 한마음으로 닦는다면, 그대는 지금보다 훨씬 지혜로운 사람이 되어 몸뚱이에 관련된 모든 문제를 해결할 수 있으며, 자기의 몸이 어디에서 왔고 어떤 원인으로 그렇게 구성되었는지를 알게 될 것이다. 이것을 숙명통(宿命通)이라고 한다. 숙명통이 나서 자신의 전생을 알게 되면 남의 전생도 알게 되는데, 그 정도가 되면 이미 아상이 없어져서 자신과 남의 구별이 사라지기 때문이다.

　만일 그대가 삼천 일 동안 한마음으로 닦는다면 뼈의 세포가 모두 바뀌면서 지혜 또한 성숙하여 자기 마음의 정체를 볼 수 있게 된다. 자기 마음이 어떠한지를 알게 되면 다른 사람의 마음도 알 수 있게 되는데, 이것을 가리켜 타심통(他心通)이라고 한다.

　마음이 육신에 얽매여 있는 것을 흔히 '마음'이라고 한다. 이것이야말로 온갖 분별을 일으키는 장본인이지만, 육신에서 벗어난 마음은 따로 '성리(性理)'라고 한다. 같은 마음이지만 성질은 하늘과 땅 차이다. 마음이 육신을 벗어나게 되면 보는 것을 본다 하여 그것을 견성(見性)이라고 한다. 제 모습을 보는 경계라 할까. 이때 비로소 정신과 몸이 건강한 완전한 사회인으로서 구실을 할 수 있는 것이다.

　만일 그대가 구천 일 동안 한마음으로 닦는다면, 어두컴컴한 것들로 이루어진 몸과 마음이 모두 환골탈태(換骨奪胎)하게 된다. 이것을 누진통(漏盡通)이라고 하는데 이러한 경지는 여느 사람으로서는 측량할 수 없다. 누진통을 얻은 이의 말과 행동은 그야말로 신통(神通)이라고 할 수밖에 없다.

마음에 온갖 분별이 올라올 때 그 마음을 부처님께 바치도록 하지만 잘 안 바쳐지는 경우 즉 어떤 생각이 수없이 자꾸 올라오는 경우, 그 생각에 대고 일정 시간 동안 집중적으로 '미륵존여래불'을 염송하여라.
　예를 들어, 어떤 사람에 대해 몹시 미운 생각이 날 때 그 얼굴에 대고 '미륵존여래불'을 염송한다. 이와같이 하면 결과가 두 가지 형태로 나타난다. 하나는 마음이 편안해져서 상대방이 밉다는 생각이 없어지고 평온하게 된다. 다른 하나는 마음이 편안해지면서 바로 눈앞에 상대방과의 인연이 소상하게 나타나 그 원인을 알게 된다. 그렇게 되기 위해서는 먼저보다 많은 준비가 필요하다. 이처럼 그 원인까지 확실히 알게 되어야 대뇌 깊숙히 침투된 분별이 녹아, 선입견 없이 세상을 있는 그대로 보게 된다.

　분별이 걷잡을 수 없이 쏟아져 바친다는 마음조차 내기 힘들 때에는, 바친다는 마음도 쉬고 그대로 지켜 보기만 하여라. 이것도 힘들 때에는 다 덮어 두고 그냥 내버려두어라.
　하루 열두 시간씩만 살아라. 하루 서른 시간, 아니 삼십 년을 살려 한다면, 몸뚱이 착이 커져서 마음은 더욱 분주해진다.

'미륵존여래불'을 염송할 때에는 장궤(長跪 : 두 무릎을 땅에 대고 허리를 펴서 합장한 자세) 자세가 좋다. 흔히 한 시간을 단위로 하는데, 우리의 분별이 대략 한 시간을 주기로 회전하기 때문이다.

우리의 분별이 올라오는 주기는 작게는 한 시간에서 삼 일, 칠 일, 사십구 일, 백 일, 삼 년, 구 년, 이십칠 년, 아주 길게는 삼 아승지겁까지 있다. 따라서 모든 분별이 다 나타나는 기간인 삼 아승지겁을 닦아야 부처가 된다고 한다.

부처님께 바치는 연습이 숙달되면, 마음을 쉬는 시간이 점점 길어지고 멍한 듯 아무 생각 없이 시간이 흐르는 현상이 자주 나타나게 된다. 그리하여 나중에는 한 생각이 만 년의 세월이 흐르더라도 움직이지 않는〔一念萬年終不移〕경지에까지 이르는 것이다. 이 분별이 쉬는 시간은 잠자는 것 이상으로 몸과 마음을 청소한다.

분별하는 마음이 쉼에 따라 주위의 분위기를 감지할 수 있는 능력이 발달한다. 만원 버스 안에서 갑자기 마음이 답답해지는 것을 느낄 때가 있는데, 이는 자기의 마음이 비었을 때 주위 사람들의 마음이 흘러드는 것을 느낀 결과다.

내 밑에서 공부하는 이들은 공부하는 과정에서 내 모습이 눈앞에 나타나 법문을 해 주는 경우를 종종 체험한다.

이와 같은 현상은 자기 마음을 부처님께 바쳐 분별이 쉬게 된 상태가, 그들이 내 앞에 와서 내가 분별을 쉰 것처럼 그들의 분별도 쉰 경험과 유사하기 때문에 나타난다. 이처럼 마음이 쉴 때 나의 모습을 통하거나 음성을 듣는 간접적인 방법으로 지혜가 나타나기도 하지만 더욱 마음을 바치면 형상이나 음성에 의지하지 않고도 알아지게 된다.

깨친다는 것은 안다는 것과 같으며, 이는 분별이 없어졌기 때문이다. 아는 것에는 두 가지 형태가 있다. 하나는 몸뚱이 착을 여읜 깨침이요, 다른 하나는 몸뚱이 착을 가진 깨침이다.

이른바 정법(正法)과 사법(邪法)을 구분하는 기준이 있다면, 몸뚱이 착을 가진 깨침은 사법이 될 것이고, 몸뚱이 착을 벗어난 깨침은 정법이 될 것이다.

자신의 몸뚱이 착이 얼마나 소멸되었는지를 알고자 한다면, 종치는 소리를 들어 보아라. 종소리가 종에서 나오는 소리같이 들릴 때, 그대 아상의 벽은 아직 매우 두터운 줄 알아라. 종소리가 종에서 나오는 소리 같기도 하지만 자신의 소리처럼 느껴질 때, 그대 아상이 상당히 엷어졌다고 알아라.

아상이 완전히 소멸되었다면, 종소리는 이미 종소리로 들리지 않고 바로 자신의 소리임을 실감하게 되리라. 이때서야 비로소 종소리를 제대로 듣는 것이다.

수행을 제법 하다 보니, 꿈이나 현실에서 신기한 체험을 하게 되더라는 이야기를 우리는 듣곤 한다.

젊을 적에 내가 간절히 원했던 바는, 우리 나라가 일본으로부터 해방되는 것이었다. 나는 금강산에서 조국의 독립을 간절히 기원하였다. 그러던 어느 날, 기도 중에 홀연히 한 광경이 생생하게 떠올랐다. 분명히 해방이 되었다고 하는데, 서울은 동경에 매여 있고 평양은 아득한 북쪽 어디쯤에 매여 있는 장면이었다. '어째서 서울과 평양이 서로 다른 곳에 매여 있을까?' 그러나 더 이상은 알 수가 없었다. 해방이 된다는 것은 알겠는데 그 내용을 확실히 알 수 없으니, 답답한 마음은 그 광경을 보기 전이나 마찬가지였다. 그래서 수행과 기도를 계속해 나가니 비로소 그 뜻이 확실히 알아졌다. 서울이 동경에 매인 것은 맥아더 사령부가 동경에 있기 때문이었고, 평양이 북쪽 어디쯤에 매인 것은 평양이 모스크바의 지시를 받고 있기 때문이었다. 이때가 해방되기 십 년 전이었는데, 나는 더 이상 독립 운동을 하지 않아도 괜찮게 되었다.

공부중에 어떠한 광경이 나타나더라도 몸뚱이 착이 없어야만 그 뜻을 확실히 알 수 있다. 몸뚱이 착을 해탈하지 않은 상태에서는, 무엇인가 알아지거나 보여져도 모르는 것과 마찬가지다. 아니, 오히려 길을 잘못 들어

설 염려가 커지므로, 그럴 때일수록 더욱 정신차려 그런 체험을 부처님께 바쳐야 한다.

밤중에 의식을 잃고 잠에 빠지는 것을 해탈하기 위해서는, 밤새껏 눕지 않고 금강경을 읽는 연습을 하여라. 그러나 이와 같은 수행은 초보자에게는 적합하지 않다. 상당 기간 수행하여 몸뚱이를 조절하는 능력이 생겼을 때에 시작하는 것이 좋다.

　밤새껏 금강경을 읽으면서 자신도 모르게 잠들지언정, 일부러 잠을 청하지는 말아라. 이것이 습관이 되면 점차 어둡니 밝니 하는 구분이 없어지고, 깨어 있는 상태와 잠들어 있는 상태가 다르지 않게 된다. 그리고 모른다는 마음의 분별은 사라지고, 아는 마음으로 바뀐다.

　평소 금강경을 많이 읽으면, 금강경의 법력에 의해 점점 읽기가 수월해지고 재미가 나며 기분이 상쾌해져서 재앙이 소멸되는 것을 느낄 수 있다. 새벽 3시는 문수 보살이 법문하는 시간이다. 이때에 맞추어 일어나서 금강경을 읽을 수 있다면 더욱 좋을 것이다.

아는 마음의 세계는 모르는 마음의 세계와는 사뭇 다르다. 모른다는 분별이 없어지면 환희심이 나고 세상이 별것 아닌 듯이 느껴지는데, 이때를 대비하여 평소 행실이 남 보기에 이상하지 않도록 연습해 두어야 한다. 여느때 행동 단속을 게을리한 사람은 이와 같은 경우 자신으로서는 지극히 자연스럽지만, 다른 사람에게는 깜짝 놀랄 행동을 거침없이 할 염려가 있기 때문이다.

알아지는 것이 최종 목표는 아니다. 그것 역시 궁금하거나 답답한 마음이 있기 때문에 알아야 할 일도 있고, 알아지는 현상도 나타나는 것이다. 알아야 할 일도 없고, 알고 싶은 마음도 없다면, 마음은 그냥 열반의 경지다. 항상 변치 않고〔常〕, 즐겁고〔樂〕, 그것이야말로 참 '나〔我〕'인 조촐한 경지다. 이 부처님의 경지는 무엇을 요구하는 자리가 아니다. 타협은 없고 오직 지시만이 있을 뿐이다.

어떤 방법에 의해서건 다만 한순간이라도 우주의 광명이 임한다면, 무조건 "시봉 잘하겠습니다." 하여라. 자신이 이러한 경계를 얻었다고 하지 말아라. 만일 그대가 "내가 이러한 경계를 얻었다." 한다면, 뒤따르는 것은 우주의 처벌이다.

무슨 생각이든지 부처님께 바치되, 알아지는 것이 있어도 부처님께 바칠 뿐 자신이 갖지 말아라. 도통하는 것도 부처님 즐겁게 해 드리기 위해 할 것이지, 자신의 목표로 삼지는 말아라. 금강경을 읽을 때에도 부처님 즐겁게 해 드리기 위해 읽는 것과, 자신을 좋게 하려고 읽는 것은 많이 다르다.

어떤 수도승이 방에 앉아 공부를 하는데, 산 너머 묵정밭에서 노루가 잠을 자고 있는 광경이 환히 보였다. 그럴 때에 밝은 스승을 만나 옳은 길을 제시받았으면 좋았을 것이다. 그러나 계제가 없었던 그는, 분명히 노루가 잠을 자는 광경이 나타나는데, 그게 사실인지를 확인하고 싶어졌다.
　그는 방을 나와 개울을 지나고 둑을 넘어 묵정밭에 당도하였다. 과연, 노루가 잠을 자고 있었다. 그는 스스로 너무도 신통하고 대견스러워서 "맞구나!" 하고 냅다 소리를 질렀다. 그랬더니 그 소리에 놀라 잠이 깬 노루가 후닥닥 달아나 버렸다. 노루 잔등에 꽉 붙어 있던 수도승의 마음과 함께……. 껍질만 남은 그 수도승은 어찌되었을까?
　수도를 하여 무엇인가 알아져도, 그것 역시 부처님께 바칠 뿐 절대로 가지지 말아라. 수도하는 사람들이 무엇인가 알아질 때에는 알아도 아주 팽팽히 알아 버리게 되니, 여간 조심하지 않으면 안 된다.

젊은 나무꾼이 있었다. 나무를 하여 장에 내다 팔아 하루하루 생계를 꾸려 나가는 곤궁한 처지였으나, 심성은 착한 이였다.
 그 날도 그는 여느때처럼 산에서 땀을 뻘뻘 흘리며 나무를 하고 있었다. 어느덧 해가 머리 꼭대기에 떴고 배도 고픈 것이 점심때는 족히 되었을 성싶었다. 그러나 점심을 먹을 형편이 못 되는 그는, 허기를 달래고 일손도 쉴 겸 가까이에서 넓적한 바위 하나를 찾아냈다. 그런데 참 기이한 일도 다 있었다. 그가 막 앉으려다 보니, 거기에 더하지도 덜하지도 않은 꼭 한 끼를 때우기에 적당한 크기의 떡이 놓여 있는 것이 아닌가. '혹시 누가 가져왔다가 잊고 간 것이 아닐까?' 그러나 주위를 둘러보아도 깊은 산중의 고요와 적막만이 있을 뿐이었다. 이상하긴 했으나, 배가 고프던 참이니 달게 먹을 수밖에.
 그 후 언제나 그맘때쯤 거기에 가면 그렇게 떡 한 조각이 놓여 있어서 맛있게 먹곤 했는데, 어느 날 하늘에서 "너만 알고 있거라." 하는 소리가 들렸다. 그러나 시간이 흐르면서 그의 마음에는 '대체 누가 떡을 갖다 놓은 것일까?' 하는 궁금증과 함께, 사람들에게 자랑하고 싶은 욕망이 싹터서 자라기 시작하였다.
 가을걷이도 마친 한갓진 밤, 마을 사람들이 어느 집 사랑에 모여 이야기

꽃을 피웠다. 이런저런 이야기를 나누다가, 이웃 어른이 나무꾼 젊은이를 딱하게 여겨 말을 꺼냈다. "점심도 못 먹어 가며 나무를 해서 홀어머니를 봉양하자니 얼마나 힘이 든가?" 그러자 여기저기서 나무꾼에게 위로와 칭찬의 말들을 한마디씩해 주었다.

순간, 나무꾼의 입에서 자신도 모르게 말이 새어나왔다. "웬걸요, 나무를 하러 가면 누가 날마다 저더러 먹으라고 바위 위에 떡 한 조각씩을 갖다 놓습니다. 그래서……" 그러나 그의 말이 미처 끝나기도 전에 하늘에서 "함부로 입 놀리지 말랬지." 하는 소리와 함께, 나무꾼의 혀가 굳어지더니 벙어리가 되고 말았다.

내가 금강산 암자에서 홀로 수도할 때의 일이다. 하루는 먹물 장삼을 만들기 위해 천을 마르고 바느질을 하는데, 안섶을 호고 뒤집어야 하겠건만 어떻게 해야 할지 도무지 알 수가 없었다. 어떻게 하는 것일까 곰곰이 생각하다가 문득 윗목을 보니 웬 늙수그레한 중이, 어쩌면 나 같기도 한 사람이, 나와 똑같은 옷을 꿰매면서 안섶을 호아 뒤집고 있었다. 그 사람이 하는 것을 보니 그렇게 쉬울 수가 없었다. '옳지, 그렇게 하면 되겠구나!' 하며 무릎을 탁 치는데, 순간 그 늙수그레한 중도 바느질하던 옷감도 온데간데가 없었다.

    생각하면 어처구니 없는 일이었다. 누가 와서 먹물 장삼을 하나 만들어 주기로서니, 뭐가 그리 신기해서 무릎까지 치며 방정을 떨어 그이를 쫓아 냈단 말인가.

다른 사람에게 부처님 말씀을 전할 때에는 먼저 자기의 분별심을 바쳐라. 금강 삼매경에 "다른 사람을 제도한다는 것은 그 사람의 분별을 쉬게 하는 것이다."라고 하셨다. 다른 사람의 분별을 쉬게 하려면, 우선 자신의 분별이 쉬어야 한다. 제 분별심은 가만히 접어 두고 다른 사람에게 설법하는 것은, 자기의 때묻고 더러운 분별 덩어리를 상대방에게 억지로 들씌우는 것과 같다.

한때 황룡 사심 선사(黃龍死心禪師)가 중국 호남성에서 이십여 명의 제자들을 데리고 분별 쉬는 공부를 하고 계셨다. 그래서 이름조차 죽을 사(死), 마음 심(心)으로 지으신 것이다.

선사의 도량 근처에 신당이 하나 있었는데, 어떻게나 영험이 좋은지 개를 갖고 가서 정성 드리면 개만큼 덕을 보고, 소를 갖고 가서 정성을 드리면 소만큼 덕을 입고……, 아무튼 무엇이거나 갖고 가서 정성을 드리면 그만큼씩 덕화를 입었다. 그런 소문이 퍼져 사람들은 끊임없이 찾아와 빌고 가니 신당에서는 소, 말, 돼지, 양 따위 제물로 바쳐진 짐승들의 울음 소리가 그칠 사이가 없었다. 그렇게 오랜 세월이 지났는데, 하루는 선사의 제자들 사이에 싸움이 붙었다.

"스님, 스님, 수좌들이 들러붙어 싸웁니다."

"그러냐."

"싸워서 한 사람이 죽었습니다."

"그러냐."

"관원이 왔습니다."

"그러냐."

"잡혀 갔습니다."

"그러냐."

앉아만 있던 황룡 선사가 하루는 자리에서 벌떡 일어나더니 한 수좌에게 말하였다.

"저 신당엘 좀 가자."

신당까지 함께 간 선사가 수좌에게 일렀다.

"헐어 버려라."

그러나 수좌는 선사를 빤히 쳐다만 볼 뿐이었다. 그렇게도 용한 신당을 헐어 버리라니 기가 막혔던 것이다.

"이놈아! 빨리 헐어 버리라는데 뭘 꾸물거리느냐?"

선사가 호령을 해도 수좌는 전혀 움직일 기색이 없었다. 선사는 할 수 없이 몸소 신당으로 들어가 불을 질렀다. 다 타고 나니 굴뚝 밑에서 시커먼 이무기가 아가리를 딱 벌리고 있었다.

"내 저 속에 뭐가 들었나 하고 걱정을 했더니, 바로 저놈이 들어 앉아 그런 못된 장난을 했구먼!"

그러고는 선사가 큰 소리로 호령을 하자, 그만 그것이 사라져 버렸다.

'나'라는 놈이 '나' 좋게 하려고 복을 짓고, 제 복 지은 것을 찾아 받느라고 그런 일들이 벌어지는 것이다.

검은 콩 한 가마니에 들어 있는 흰 콩 한 알을 골라내라고 한다면 어떻게 골라낼까. 대체로는 흰 콩 한 알을 찾기 위해서 검은 콩을 마구 헤집을 것이다.

　그러나 진실하게 마음 닦는 이라면 그렇게 하지는 않는다. 눈에 보이는 검은 콩을 하나하나 주워 내다 보면 언젠가는 흰 콩이 나올 것이 아닌가. 흰 콩 한 알을 얼른 찾겠다고 검은 콩을 마구 헤집는 마음은, 노력도 하지 않고 단번에 일을 성사시켜 보겠다는 탐심이다.

　그대 마음에 올라오는 생각부터 부처님께 바쳐 닦아 나가라. 때가 되고 연륜이 차면 그대 틀림없이 밝아지리라.

　마음에 걸리는 것이 있어 '이럴 때는 어떻게 하나.' 하는 생각이 들 때가 바로 그 마음을 부처님께 바칠 때다.

이차대전 중에 일본의 살림을 맡았던 고노에 후미마로(近衛文麿)라는 총리 대신이 있었다. 온갖 노력을 다 기울였지만, 막대한 군비를 들이며 전쟁을 치르는 나라의 형편은 말이 아니었다. 이렇게 해도 안 되고, 저렇게 해도 안 되고……. 더욱이 그의 생각에 미국을 상대로 싸우는 일본의 장래는 암담할 뿐이었다.

나라의 살림을 맡은 우두머리로서 실마리를 찾지 못한 그는, 이를 비관하여 마침내 자살로 생을 마쳤다.

한편, 그의 후임으로 온 총리 대신은 사태를 전임자와 같이 비관적으로만 보지 않았다. 그는 그런 대로 나라 살림을 꾸려서 전쟁을 뒷바라지하였다.

같은 상황임에도 어째서 누구는 자살을 할 만큼 막막하게 느꼈고, 누구는 다르게 대처하였을까.

고노에 총리 대신은 전생에 스승을 잘 섬기며 공부하던 스님이었다. 그런 그가 어느 날 문득 자신의 처지를 돌아보자니 한심하기 짝이 없었다. '그토록 바라던 도통도 아직 못 하였는데, 어느덧 세월은 흘러 이 나이가 되었구나. 그저 이렇게 스승의 잔심부름이나 하다가 생을 마치게 생겼으니 난 뭐란 말인가.' 하는 서글픈 생각이 들었다. 그 생각을 해탈하지 못한 채 몸을 바꾼 스님은 일본에서 태어나 총리 대신이 되었다. 그러나 잠재 의식 속에 있던 '내 신세는 뭐란 말인가.' 하는 아상이 올라오는 순간, 나라의 상황이 아무 희망도 없는 것으로 비쳐 그처럼 자살을 할 수밖에 없었던 것이다.

수행자는 묵묵히 부처님을 향해 복을 짓되, 슬기롭게 자신의 문제를 해결하면서 '난 뭐란 말인가.' 하는 생각이 들 때에는 깜짝 놀라 그 생각을 부처님께 바칠 일이다.

평소에 무슨 생각이든지 부처님께 바치는 연습을 하는 목적이 있다면, 그것은 위급한 경우에도 부처님께 그 급한 마음을 바칠 수 있도록 하기 위해서다. 가장 위급한 경우는 아무래도 죽음을 맞을 때다. 평소에 공부〔修道〕를 얼마나 잘했는지는 그때 비로소 알 수 있다. 그럴 때에도 흔들리고 급한 마음을 부처님께 바칠 수 있어야 하는 것이다.
　내가 금강산에 있을 때다.
　수도의 목적이, 죽는 순간 그 바쁜 마음을 '부처님!' 하는 마음과 바꾸기 위한 것이라는 큰스님의 법문을 듣고 한 수좌가 생각하였다. '수도의 목적이 그런 정도라면, 일생 동안 수도만 하고 지낼 필요가 있을까. 먹고 싶은 것 먹고 놀고 싶을 때 놀다가, 죽을 때 부처님만 찾기만 하면 될 것 아닌가.' 그는 꾀를 냈다. 사방 벽면과 천장에까지, 그때는 '관세음보살'을 할 때니까 '관세음보살'을 꽉 차게 써놓았다. 죽는 순간 '관세음보살'을 잊지 않게 하기 위해서였다.
　드디어 펀둥펀둥 놀기만 하고 공부는 게을리하던 그 수좌가 임종을 맞게 되었다. 살이 조각조각 찢겨 나가는 듯한, 육신이 사그라지는 듯한 극심한 고통 속에서 수좌는 천장과 사방 벽에 씌어진 '관세음보살' 명호를 읽으려 하였다. 그러나 정신과 육체는 제멋대로 황망하게 날뛸 뿐, 턱이 마음대로 움직여지지 않았다. '빨리 관세음보살 해야 되는데…….' 마음은 급하고 잘 되지는 않고, 그만 분하고 독한 마음이 나서 온몸이 퉁퉁 부어오른 채 최후를 마쳤다.

바쁘지 않은 평소에, 내일 또는 늘그막에 가서가 아니라 지금 이 시간에 부지런히 마음을 닦고 바치는 연습을 해야, 가장 바쁘고 급할 때인 죽는 순간에도 공부를 놓치지 않을 수 있는 것이다.

조선 시대의 일이다.

어느 벼슬아치가 길을 가는데, 웬 집에서 소년이 글 읽는 소리가 매우 낭랑하게 흘러나왔다. 그 글 읽는 소리가 하도 범상치 않은지라, 집에 돌아온 그는 하인을 시켜 소년을 데려오게 하였다. 인물이 쓸 만하면 사위를 삼고 싶었던 것이다.

그런데 막상 보니, 소년의 모습이 목소리와는 영 딴판이었다. 주인은 사위 삼고 싶은 마음이 일시에 사라져 버렸지만, 그렇다고 소년을 그냥 돌려보내자니 미안한 생각이 들었다. 그래서 다과상을 내오게 하여 떡이나 좀 먹고 가라고 일렀다. 소년은 자신이 당한 망신(?)에도 아랑곳하지 않고, 태연히 앉아 떡을 다 먹어 치웠다. 그러고는 맛있는 떡을 혼자 먹고 보니 부모님 생각이 나는데, 좀 싸 줄 수 없겠느냐고 청하기까지 하였다. 이에 주인은 새삼스럽게 소년의 사람됨에 감탄하고 그를 사위로 맞아들였다. 소년은 나중에 재상이 되었는데, 그가 바로 오리 정승 이원익이다.

잘 닦는 이라면, 오리 대감과 같이 어떤 경우에 처하든지 마음이 흔들리지 않아야 할 것이다.

집중과 무심은 같지 않다

내가 금강산에 있었을 때의 일이다. 하루는 암자에 한 수좌가 올라오더니 아주 공부 잘하는 도인이 났다고 말하였다. 그래서 얼마나 잘하느냐고 물으니 "얼마나 열심히 하는지, 글쎄 공부중에 밖에서 벼락이 쳤는데도 전혀 모르고 있더군요." 하는 것이었다.

　공부가 잘 되어 간다면, 모든 것이 더 잘 알아지고 분명해져야 할 것이다. 특별한 것만 보이고 나머지에 대해서는 깜깜 소식이라면, 이는 분명히 길을 잘못 들어선 것이다.
　금강산의 도인처럼 한 군데에 몰입해서 다른 것은 전혀 못 보는 것을 무기(無記)라 하여 옛 사람들은 경계하였다.

중국에서 있었던 일이다. 한 농부가 어느 날 땅을 파다가 그 속에서 가부좌를 하고 정(定)에 든 기이한 사람을 발견하였다. 정에서 나온 그에게 말을 시키니, 뜻밖에도 그는 수백 년 전의 사람이 아닌가. 그러니까 수백 년 동안을 그 속에서 그렇게 앉아 있었다는 이야기인 셈이다. 이 소문은 삽시간에 퍼져 나갔고, 수많은 사람들이 몰려와 그를 친견하고 그에게 예배하였다. 그런데 재미있는 것은, 그렇게 생불로서 추앙을 받던 그가 십 년이 지나지 않아 한 여인과 내통하여 아기를 낳았다는 것이다. 이는 무엇을 말하는가.

올라오는 생각을 눌러 참으면, 그 견디는 힘이 다할 때 반드시 폭발하게 되어 있다. 참으면 일시적으로는 없어진 듯하지만, 그 뿌리가 없어진 것은 아니므로 언젠가는 다시 나타나게 된다. 그러므로 이는 완전한 해탈이라고 할 수 없다.

소승의 과를 얻었다고 하는 사람들은, 깨쳤다기보다 대체로 이처럼 특별한 대상에 정신을 집중하여 다른 생각이 올라오는 것을 눌러 참는 경우다. 그 눌러 놓았던 분별은 언젠가는 다시 올라올 것이고, 언젠가는 이를 닦아서 해탈해야 할 것이다.

인욕(忍辱)이라는 말의 뜻도, 욕심을 참는 것이라기보다는 욕됨을 견디는 것이라고 해석함이 옳다.

나를 찾는 이들에게 아침 저녁 규칙적으로 석가여래 앞에서 강의 듣는 마음으로 금강경을 읽고, 순간순간 올라오는 생각에 대고 '미륵존여래불' 하기를 권하면, 그이들은 말하곤 한다.

"아, 그러니까 관세음보살이나 아미타불 대신 미륵존여래불 염불을 하라는 말씀이시군요."

아미타불이나 관세음보살을 염송하는 사람들은 착득심두 절막망(着得心頭切莫忘), 한순간도 잊지 않고 마음 속에 붙들어 매는 것, 다시 말해 집중해서 염불하는 것을 희망한다. 그러나 미륵존여래불 염송은 그렇게 하라는 것이 아니다. 심하게 분별이 올라올 때에는 그 생각에 대고 한 시간이나 두 시간 동안 '미륵존여래불' 정근을 하더라도, 종래의 염불처럼 부처님 명호에 몰입하는 것은 아니다.

지금 여기서

그 한 생각이 세상을 향해 있으면, 그이를 가리켜서 재가자(在家者)라고 한다.

  그 한 생각이 부처님을 향해 있으면, 그이를 가리켜서 출가자(出家者)하고 한다.

  성직자가 되는 것만이 마음이 밝아지는 길은 아니다. 그대 진실로 마음 닦아 밝아지고자 한다면, 실제로 밝아질 짓을 하여라.

동국 대학교 총장 일을 볼 때의 일이다. 학교 일로 나는 종종 천주교 신부들이나 수녀들과 만나게 되었는데, 그러는 동안 자연스럽게 친해져서 나중에는 서로 속사정을 털어놓기도 하는 사이가 되었다.

어느 날, 수녀 한 분이 내게 자신의 괴로움을 하소연하였다. 몸과 마음을 다 천주께 바칠 것을 서약하고 수녀가 된 그네들이건만, 아직 몸뚱이 착을 벗어나지 못한 인간이기에, 그네들 사회에서 빚어지는 마찰과 갈등 때문에 몹시 힘들다는 것이었다. 여자들만의 폐쇄적인 사회여서 그런지 좀처럼 시기와 질투와 증오가 끊이지 않는데, 더욱 괴로운 것은 성직자라는 신분 때문에 가슴 밑바닥에서 끓어오르는 추악한 감정들을 차마 드러내지 못하고 속으로만 끙끙 앓는 모순 속에서 살아가야 할 때가 많다는 것이었다.

나는 수녀에게 말해 주었다.

"내 말대로 하면, 당신의 마음은 틀림없이 평화와 안정을 되찾을 수 있을 것이오."

"아니, 무슨 좋은 방법이라도……?"

"있고말고요. 내일부터라도 아침 저녁으로 금강경을 읽으시고, 밉다는 생각이나 괴롭다는 생각 혹은 그 밖의 어떤 생각이라도 일어나기만 하면 바로 그 생각에다 대고 '미륵존여래불' 해보십시오."

그러자 수녀는 눈이 동그래지더니 말하였다.

"아유, 총장님도……. 아무리 그렇지만, 가톨릭 수녀인 제가 어떻게 불교 경전을 읽고 염불을 할 수가 있겠습니까?"

그래서 내가 말해 주었다.

"뭐 그리 어렵게 생각할 필요가 있겠소. 일단 내가 일러 준 방법대로 하여 마음의 번뇌를 해결하고 안정을 되찾으면, 그 때 가서 다시 열심히 천주님을 섬기면 될 게 아니오."

세속에서 살면서 자기 앞에 닥친 일이나 주어진 일을 피하려 하지 않고 그 일로 인연하여 올라오는 생각과 분별은 무엇이든지 부처님께 바치고 부처님 시봉하는 마음으로 행한다면, 세속의 일이지만 곧 부처님의 일일 것이다. 부처님의 사도라는 틀 속에서 세간을 등지고 고요한 곳에 안주하여 불법을 합네 하며 부처가 다 된 듯 세상을 설명하려 든다는 것은 세상을 꾸짖는 진심이요, 저 잘난 마음인 치심이다.

　그러나 몸뚱이 착이 심하여서 세상 살림을 꾸려 나가기 어려울 정도로 심신이 허약해진 사람은, 정신과 육체가 회복되는 동안 조용한 곳에서 정진하는 것이 좋다.

　분별심이란 본래 그 근본이 없다. 그러나 분별 속에서 사는 우리에게 분별이라는 것이 원래 없는 것이라고 말하면 분별이 쉬겠는가. 분별심을 바치는 수도 방법은 마치 옥수수 껍질을 하나하나 벗겨내서 이윽고 그 알을 얻는 것과 같이, 정도에 맞게 한 단계 한 단계 나아가는 방법이다.

옛날, 중국에서 북방 이민족의 잦은 침략에 대비하여 외몽고와 중국 국경 사이에 걸쳐 요새를 만들었는데, 사람들은 그 곳을 새재라고 하였다. 거기서는 몽고군이 언제 쳐들어올지 알 수 없었다. 그래서 몽고군이 쳐들어오면 얼른 집어타고 도망갈 수 있는 말이 많을수록 부자로 통하였다.
　어느 날, 한 노인이 애지중지하던 말을 잃어버렸다. 마을 사람들이 찾아와서 노인을 위로하였다. 그런데 노인은 오히려 덤덤한 어조로 "내가 이 세상을 겪어 보니 언짢은 일 뒤에는 반드시 좋은 일이 생깁디다. 그러니 좋은 일이 생길지 누가 알겠소." 하고 말하였다.
　아니나다를까, 얼마 후 잃어버렸던 말이 다른 말까지 하나 데리고 집으로 돌아왔다. 사람들은 집에 말 한 필이 더 생겼으니 경사가 났다며 치하해 주었다. 노인은 이번에도 덤덤한 어조로 "글쎄, 좋은 일 뒤에는 혹 언짢은 일이 따를 수 있으니 기다려 봐야지요." 하고 말하였다.
　노인의 둘째 아들이 말이 한 필 늘어서 좋아라고 타고 돌아다니다가 그만 떨어져서 다리가 부러졌다. 사람들이 노인을 위로하였다. 노인은 또 "글쎄, 좀 기다려 뵈야 되겠소……." 하였고.
　어느 날 몽고군이 쳐들어왔다. 곧 마을 젊은이들이 군대로 징발되었다. 그러나 노인의 둘째 아들은 군대에 나가지 않아도 되었다. 다리가 부러졌으니까.

　변방에서 사는 늙은이라도 가만히 앉아 자신에게 닥친 일을 잘 들여다보며 해결하다 보면, 그 정도의 지혜는 터득되는가 보다.

도인이 많이 나오면, 백성들이 복을 짓게 되어 나라가 부강해지고 국력이 번창한다고 한다.
　도인이 어떻게 그런 요술을 부릴까.
　그대는 향가를 알 것이다. 향가란 신라 시대에 민간에서 부르던, 요새 말로 하자면 유행가다. 그 향가의 대부분을 사실은 도인들이 만들었다.
　신라 어느 왕 때인가. 경주 하늘에 살별(혜성)이 나타나서 며칠이 지나도록 사라지지를 않았다. 동서고금을 통해 혜성은 늘 불길한 징조로 여겨져 왔다. 그래서 이름도 살별이다. 그 때문에 사람들이 전전긍긍하던 참인데, 신라 앞바다에 별안간 왜구들의 배가 몰려와 새까맣게 진을 쳤다. '아이쿠, 이제 나라가 망하려나 보다.' 왕을 위시한 백성들은 불안에 떨며 하루하루를 숨가쁘게 지내고 있었다. 이때 한 도인이 이래서는 안 되겠다 싶어 혜성가라는 노래를 지어 아이들에게 부르게 하였다. 이윽고 신라 천지는 그 노래 속에 파묻혀 버렸다. 불안에 떨던 백성들은 이제 노래 가사처럼 좋은 일이 생길 것이라는 희망을 갖게 되었다. 신라 천지가 갑자기 낙토(樂土)로 바뀌었다.
　한편, 왜구들은 혜성도 나타났겠다, 가만히 앞바다에 진을 치고 있다가 신라 사람들 스스로 진이 빠져 버리면 상륙해서 거저 먹으려던 참이었다.

그런데 진이 빠지기는커녕 뭐가 그리 즐거운지 노래들만 하고 있으니 아무래도 수상쩍었다. 왜구들은 지레 겁을 먹고 달아나 버렸다. 기록에는 융천사라는 스님이 혜성가를 지어 부르게 하자 살별이 사라지고 왜구가 물러갔다고 되어 있는데, 사실은 그렇게 된 것이다.

　사람의 마음을 괴로움(어두움)에서 즐거움(밝음)으로 향하게 할 수 있는 힘, 그것이 바로 도인의 지혜다.

중국 역사에서 성군(聖君)으로 높이 추앙되는 임금에 순(舜)과 우(禹)가 있다.
　우는 누가 자신을 꾸짖으면 세 번 절하였다고 한다. 그러니까 그는 자기의 못난 점을 찾아 잘 닦았다는 이야기다. 효자로 알려진 순 임금은 어려서 어머니를 잃고 계모 밑에서 자랐는데, 그 여자의 성미가 남달랐다. 하루는 그 계모가 순에게 구덩이를 파라고 일렀다. 깊이 파들어 가면 위에서 흙으로 덮어 눈엣가시 같은 의붓자식을 생매장하겠다는 뜻이었다. 계모의 의중을 알았건만, 효자였던 순은 이를 거역할 수가 없었다. "네." 하고 구덩이를 팠지만, 순은 죽지 않았다. 구덩이를 파는 동시에, 살아 나올 구멍을 함께 팠던 것이다.
　또 하루는 계모가 순에게 지붕에 비가 새니 올라가서 살펴보라고 일렀다. 순이 사다리를 걸쳐 놓고 지붕에 올라가 살피는 사이, 계모는 사다리를 치우고 밑에서 불을 질렀다. 그러나 순은 죽지 않았다. 이미 계모의 뜻을 알아채고 사다리를 또 하나 갖고 올라갔던 것이다.
　이것이 바로 세상의 흐름에 거역하지 않으면서 자신의 마음을 닦는 지혜다.

나폴레옹이 유럽 대륙의 대부분을 휩쓸고 러시아에 쳐들어갔는데, 그때가 겨울이었다. 모스크바로 진입하니 덤비는 러시아 군대는 하나도 안 보이고, 영하 삼사십도나 되는 추위 속에 집들은 다 불타 버리고 없었다. 러시아 군 장성들이 머리를 짜냈던 것이다. 나폴레옹 군대와 맞붙었다간 질 것이 뻔하니까 후퇴하였고, 후퇴하면서 집이라고 생긴 것은 모두 불태워 버렸던 것이다. 천하의 나폴레옹이라도 영하 삼사십도나 되는 추위와, 추위를 피할 건물 하나 없는 그곳에서는 별 재간이 없었다. 나폴레옹 군대는 얼어죽거나 심한 동상에 걸려 패잔병 신세로 후퇴할 수밖에 없었다. 퇴각하는 와중에 옆과 뒤로 러시아 군의 습격을 받으니, 나폴레옹 군대는 거의 전멸하다시피하였다.
　러시아 땅을 겨우 빠져나온 나폴레옹이 폴란드 국경 부근의 어느 마을에서 하룻밤을 묵게 되었다. 민가에다 잠자리를 마련하고 밖에는 보초도 세웠다. 그런데 한참 곤한 잠에 빠져 있던 나폴레옹은 갑자기 가슴이 답답해져 옴을 느꼈다. 깨어 보니 이게 웬일인가! 허리통이 절구통보다 큰 하마 같은 여자가 나폴레옹의 배를 깔고 앉아서, 왼손으로 멱살을 움켜쥔 채 오른손에는 칼을 쥐고 나폴레옹의 목에다 대고 눈을 부릅뜨고 있었던 것이다. "네놈이 나폴레옹이지?" 그럴 때 보초를 불렀으면 좋겠지만, 보초를 불렀다간 여자의 칼이 목을 찌를 것이니 나폴레옹인들 별수가 있었을까. 그래서 나폴레옹이 "그렇소." 하고 대답을 하니까, 여자가 말하였다. "잘 만났다, 나폴레옹 이놈! 내 아들 삼 형제가 네 놈한테 미쳐 따라다니다가 모두 죽었다. 이제 죽은 자식 살릴 수는 없고, 너라도 죽여 원수를 갚아야겠다."

그런 위기를 당했을 때 여느 사람이라면 힘이나 권력을 갖고 모면해 보려고 했을 텐데, 나폴레옹은 그러지를 않았다. "아이구, 어머니! 못난 자식 셋보다 잘난 자식 하나가 낫지요, 어머니!" 그러니까 여자도 별수가 없었던지 칼을 집어던지고 "오, 내 아들아!" 하고 나폴레옹을 끌어안고 울었다.

이런 이야기를 보면, 나폴레옹이 힘으로 유럽 대륙을 휩쓴 영웅이라 해도, 총칼밖에 모르던 사람은 아니었던가 보다. "아이구 어머니!" 순간의 이 한마디가 지혜라는 것이다. 느닷없이 나오는 대단한 지혜다.

지혜는 몸뚱이 착을 닦아서 저절로 나오는 것이지, 닦는 장소가 따로 있거나 이러저러한 형식이 있어서 나오는 것은 아니다. 성직자가 되어 겉으로 불법입네 하는 형식을 갖추면, 도리어 아상(我相)을 키우기가 쉽다.

승려나 목사나 신부와 같은 성직자, 남을 가르치는 교사, 그 중에서도 특히 국민 학교 교사는 남의 말은 듣지 않고 제 주장만 내세우기 쉬운 직업이다. 늘 남에게 가르치는 일을 연습하다 보면, 배우는 마음이 적어지고 제 자랑을 하게 된다. 이렇게 되면, 점점 밖을 향해 야단은 잘 치지만 제 모양을 바로 보기는 어려워지는 것이다.
　마음 닦아 밝아지고자 한다면, 마땅히 이러한 점을 경계해야 할 것이다.

어느 겨울날 아침이었다.
배달하는 아이가 신문을 가져왔다.
"바깥 날씨가 꽤 차지?"
"아유, 정말 화가 나서 견딜 수가 없어요. 이렇게 추운데 하루도 빠짐없이 신문을 넣어 주었건만, 글쎄, 석 달째나 신문 대금이 밀린 집도 있다니까요."
나는 그저 날씨를 물어 보았을 뿐인데…….

누구든지 제 소리만 하고 제 업장만 볼 뿐이다. 사물을 대할 때 자기 업장으로 탁 덮어씌워 보기 때문에, 사물의 정체를 바르게 보기 어렵다.
그대가 보는 저 나무도 그대가 보는 나무일 뿐 나무 그 자체는 아니다.
그래서 제 생각에 빠져 있는 중생은 아무리 좋은 것을 코앞에 갖다 놓아도 전혀 알 수가 없는 것이다.

이 우주 삼라만상이 펼쳐지는 것은 그대 마음 닦은 대로의 표현이다. 그대가 집착할 때 우주는 그대로 컴컴해지고, 그대가 집착에서 벗어날 때 우주는 그대로 밝다.

내가 금강산에서 공부할 때이다.

하루는 서울에서 변호사 일을 본다는 사람들이 찾아왔다. 마루에 앉아 있으려니까, 그들은 한참 동안 마당을 빙빙 돌더니 겨우 마루 끝에 궁둥이를 걸치며 말하였다.

"여기 오신 지 오래되셨습니까?"

"한 칠팔 년 되었지요."

"그래, 여기서는 무슨 책을 읽으시는지요."

"아무 책도 읽지 않소."

그들은 눈이 동그래져서 물었다.

"아유, 이곳에서 공부하는 젊은이들이 많은 것 같은데, 아무 책도 안 읽는다면 곤란하지 않겠습니까?"

나는 웃으면서 말하였다.

"여기 있는 사람들도 책을 읽기는 읽지요. 그러나 지나다니는 사람들은 그 책을 읽지 못할 것이오."

"그게 무슨 책인데 저희는 읽지 못합니까?"

"그럼, 이제 내가 책을 읽을 것이니 들어 보시오. 저기 앞에 산이 있는데, 거기에 무어라고 씌었는지 아시오? '모든 정력을 낭비하는 자 속히 죽느니라.' 그런데 그 글자가 당신들 눈에 보이오, 안 보이오?"

"아무것도 안 보이는데요."

"그것 보시오. 나는 그렇게 읽는데, 당신들한테는 안 보이지 않소. 그런데 지금 내가 그렇게 읽는 것은 잘못 읽는 것이지요. 모든 활엽수는 습기와 온도가 적당하면 있는 대로 정력을 뽑기 때문에 새파랗지요. 그러나 가을이 되어 습기가 부족하고 온도가 내려가면 누르스름해지고 새빨갛게 되지요. 그러니까 초목이 '나 죽습니다.' 하는 상태가 단풍이란 말이지요. 사람들은 초목이 '나 죽습니다.' 하는 것을 보고 아름답다고 하는 셈이오. 그런데 내가 불평이 많으면, 그걸 보고 '정력을 낭비하는 자 속히 죽느니라.' 하는 식으로밖에 읽지 못하지요. 그러니 천상 산중에 앉아 있을 수밖에 없지 않소. 내가 그 '속히 죽는' 마음을 갖고 세상에 나갔다간 세상 사람들이 더 속히 죽을 터이니, 차라리 산중에다 그 독을 푸는 게 낫지 않겠소.

이제 내가 마음을 잘 닦으면 책을 달리 읽게 될 것이오. 어떻게? '모든 정력을 낭비치 않는 자는 오래 사느니라.'라고. 보시오. 소나무나 전나무 같은 침엽수는 애당초 생겨 먹기를 정력을 낭비할 수 없게 되어 있지요. 그래서 지금 활엽수가 한창 새파랄 때, 그놈들은 거무스름한 것이 칙칙하고 시원찮게 보이오. 그러나 가을이 되어 활엽수가 시들시들하고 죽어갈 때, 그놈들은 새파래지지요.

그러니 내가 '모든 정력을 낭비치 않는 자 오래 사느니라.'라고 책을 읽게 될 때에는, 도시 근처에 가더라도 주위 사람들이 오래 살 것이고 이익도 좀 끼치지 않겠소?"

그들은 어안이 벙벙해서 나를 쳐다보더니, 그냥 가 버리고 말았다.

이 우주는 모든 것을 다 갖추고 있다.

사람들이 구하는 것은 다 충족될 수 있다.

그런데 구하지만 안 되는 이유는 무엇일까. 그것은 스스로의 마음에 '안 된다.'는 진심이 있기 때문이다. 마음에 '안 된다.' 하는 진심만 없다면 되어질 일은 다 되어진다. 되어질 일이란 진실한 자세를 말한다.

언젠가 내 밑에서 공부하던 한 젊은이가 자기처럼 허약한 사람도 공부를 잘하면 쌀 한 섬을 번쩍 들어올릴 수 있게 되겠느냐고 물었다. 그래서 그에게 "안 된다는 생각만 없으면 되지." 하고 말해 주었다. 가만히 보니 그의 마음에는 '내 몸은 약하니 그런 일은 절대로 할 수 없다.'는 생각이 숨어 있었다. 그 생각을 해탈시켜 주기 위해서 나는 그에게 일렀다. 늘 다니는 길목에 쌀 한 섬을 갖다 놓고는 지날 때마다 보면서 '저건 내가 못 들지.' 하는 생각을 부처님께 바치라고.

그리고 나서 백여 일 가량 지났을까. 어느 날 그는 문득 쌀 섬이 우습게 보이더니 그냥 번쩍 들어지더라는 것이다.

이는 안 된다는 생각을 닦은 당연한 결과다.

서너 살 된 아기가 벽을 향해 혼자 중얼거리는 경우가 있다. 아기는 평소에 정이 깊은 할머니와 이야기를 하는 것이다. 아기에게는 벽이라는 관념이 없기에, 실제로 할머니를 보면서 이야기하는 것이다.

내가 소사에 있을 때, 바로 눈앞에 서울 거리가 나타나는 경우가 종종 있었다. 거기서 서울까지의 거리가 얼마나 된다는 분별이 없었기 때문이다. 그러나 내게 보고자 하는 애착조차 남아 있지 않았더라면, 보여질 일이 무엇이 있었을까.

직장에 들어간 신입 사원이 첫 봉급을 받으면 대체로는 감사하는 마음을 갖는다. 그러나 시간이 지남에 따라 아상이라는 놈은 끊임없이 저 잘난 생각과 불만을 갖기 때문에, 점차 직장의 잘못된 점만 찾아서 불평을 하게 된다. 이런 마음이 지속되면 그 마음은 직장을 벗어나지 못하게 되고, 오히려 직장에 더 얽매이게 된다. 불평을 하면서도, 직장에서 내몰리지나 않을까 더욱 두려워지는 것이다. 마치 누에가 실을 토해 고치를 만드는 연습을 하다가 이윽고 그 속에 갇혀 꼼짝 못하게 되듯이…….
　마음 닦는 사람이라면 어떻게 하나.
　우선 봉급에 감사하다는 생각을 내면서, 직장을 위해 자기 봉급의 세 배를 벌어 주겠다는 마음을 낸다. 몸으로는 상사의 뜻을 충실히 이행하면서 어떻게 하면 직장에 도움을 줄 수 있을지를 생각하면, 마음이 떳떳함은 물론 돈을 벌 수 있는 좋은 아이디어도 생기고 직장에서 꼭 필요한 존재가 된다. 봉급의 세 배를 벌어 준다는 것과 자신이 직장의 주인이라는 생각은 같지 않다. 주인된 마음을 연습한다는 면에서는 비슷하겠지만, 직장의 주인이라는 생각으로 근무하면 제 것이라는 탐심이 붙기 쉽다. 적은 봉급이라도 감사하고 봉급의 세 배를 벌어 주겠다는 마음을 내는 것은, 어리석고 순진해서가 아니라 피고용자의 입장에서 자신의 몸뚱이 착을 닦기 위해서

다. 이러한 마음이라야 직장에서 내몰리는 두려움도 없어지고 사람을 거느리는 방법도 터득할 수 있게 되어 직장에 얽매이지 않게 된다.

세상을 다 이해하면서도 얽매이지 않는 것, 이것이 세간의 불법(佛法)이며 탐심을 깨치는 방법이다.

　탐심을 깨침으로써 경제 활동의 원리를 이해할 수 있으며, 진심을 닦음으로써 올바른 법률 생활에 도달할 수 있다.

　세상의 어떠한 직종에 있더라도 우선 자신의 몸뚱이 착을 닦는 데 목적을 두어 보아라. 그러면 지혜가 밝아져서 그대 자신이 세상의 주인공이 될 것이다.

삶을 풍요롭게 하자면

채근담은 참 좋은 책이다. 그대가 선한 일을 할 때에 채근담은 그대를 향해 무한히 칭찬할 것이다.

마음을 닦는다는 것은 허물을 고쳐 바르게 하는 일로, 오직 개과천선(改過遷善)일 뿐이다. 진리는 상식에서 그다지 멀지 않다.

귀찮은 손님이 찾아오더라도 무조건 먹이고 차비라도 주는 연습을 하여라. 그대 마음은 꿈에라도 줄 생각이 없는 마음이기 때문에, 그 마음을 닦는 데 필요한 연습이다.

　남이 잘난 척하는 말을 듣기 싫어하는 것은 바로 그대에게 잘난 척하는 마음이 있기 때문이다. 저 잘난 마음을 닦으면, 남이 아무리 잘난 척해도 마음이 동요되지 않을 것이다.

　'고맙습니다.' 하는 마음을 일부러라도 내는 연습을 하여라. 마음이란 꿈에도 고맙다고 하는 법이 없기 때문이다.

　상대방과 대화를 할 때 "안 된다."라는 말은 가급적 삼가고, "네." 또는 "생각해 보겠습니다."라고 하여라. 안 된다는 말을 해서 피차 마음에 안 되는 것을 그리지 말아라.

　무슨 일을 하든지 원을 세워서 할 것이며, 선입견이라든가 의욕으로 하지 말아라.

자주 짜증이 나면 자신의 공부가 잘못되어 가고 있음을 알아라.

몹시 고통스러운 일을 당할 때 '모든 사람들이 이러한 고통을 해탈하여 부처님께 환희심 내어 복 많이 짓길 발원.' 하여 보아라.

죽은 사람은 가급적 생각하지 않는 것이 좋다. 죽은 사람의 기운은 물과 같고 산 사람의 기운은 흙과 같아서, 죽은 사람을 자꾸 생각하면 흙이 물에 씻기는 것처럼 기운이 감소된다.

이 몸뚱이 있는 한 부모는 절대다. 부모가 자식을 사랑하는 것은 몸뚱이착의 연장이라 별 공덕이 안 되지만, 자식이 부모를 섬기는 것은 몸뚱이착을 거스르는 것이어서 공덕이 크다.

제사라든가 전통적인 행사들은 우리의 정신을 한데 모으게 하려는 선조들의 지혜다.

탐심을 깨치는 것은 물의 성질을 아는 것과 같다.
 물에 빠지면 우리는 대체로 물에서 벗어나기 위해 허우적거리며 안간힘을 쓴다. 그러나 물의 성질은 벗어나려고 애쓰면 애쓸수록 더욱 밑으로 가라앉게 만들고, 아예 물 속으로 들어갈 양이면 오히려 뜨게 만든다.
 이 이치를 잘 적용하면, 세상에서 곤란에 빠졌을 때 도움이 될 것이다.

이조 명종 때 보우(普雨)라고 하는 훌륭한 학승이 있었다. 당시에 어린 왕을 대신하여 섭정하던 문정 왕후는 독실한 불교 신자로서, 보우 대사를 불러들여 침체된 불교를 개혁하고 중흥시키려 하였다. 그러니 유생들이 들고 일어날 수밖에. 그때 보우 대사는 수도하는 마음으로, 유생들은 보지 않고 오로지 문정 왕후만을 상대로 불교를 살리려고 온갖 노력을 다하였다. 그러므로 그가 불교를 위해서 한 일은 남았겠지만, 그의 육신은 살아남을 수가 없었다. 문정 왕후가 죽자마자 조정에서 들고 일어나 제주도로 귀양을 보냈고, 거기서 최후를 마치게 된 것이다.

만약 그때 그가 세상을 멀리하지 않고 어떤 사람이든지 와서 물으면 대답해 주고, 또 그 사람들을 다 부처가 될 가능성이 있는, 앞으로 오실 부처님으로 알아 대하였다면 동조자들도 많았을 것이다.

실제로 보우 대사의 제자 중에 사명 대사 같은 이는 유생들하고 매우 친해서, 임진왜란 때 일본에 사신으로까지 파견되지 않았던가.

이 우주는 모두 원인이 있어서 이루어진 그물과도 같은 인과로 서로 엮어져 있다. 스스로 우주를 용납하지 않을 때, 우주 또한 그 사람을 용납하지 않는 법이다. 자기의 문제를 해결하면서 동시에 자기에게 닥친 세상 문제를 피하지 않고 함께 해결한다면, 이 우주는 모두 자기 편이 될 것이다.

옛날에 어떤 사람이 밤중에 공부를 하는데, 자정쯤 되어 갑자기 배 없는 귀신이 나타났다. 그러나 그는 조금도 놀라지 않았다. "배가 없는 녀석이니 배 아플 걱정은 아예 없겠군." 그냥 그렇게 중얼거리며 하던 공부를 계속할 뿐이었다. 그는 평소 배가 자주 아팠던 것이다. 그러자 귀신은 사라졌다. 다시 얼마가 지났을까. 이번에는 머리 없는 귀신이 나타났다. 이번에도 그는 정신을 빼앗기지 않고 "이 귀신은 머리가 없어서 머리 아플 일은 없겠군." 하며 그저 하던 공부를 계속하니, 어느 틈엔지 머리 없는 귀신도 없어졌다.

   세간의 일을 따라다니며 살지 말고, 줏대를 세워 자신을 중심으로 살아라.

   그대는 저 깊은 웅덩이를 헤엄쳐 건너 본 적이 있는가. 어떻게 하면 깊은 물에 빠지지 않고 무사히 헤엄쳐 건널 수가 있을까.

   마음을 웅덩이 바닥에 두지 말고, 건너갈 저쪽 기슭에 두고 거기만 바라보면서 헤엄쳐라. 절대로 바닥은 보지 말아라.

내가 동국 대학교 총장 일을 보던 때의 일이다.

하루는 학교를 둘러보다가 화장실 앞을 지나는데, 안에서 누가 소리소리를 질러댔다.

"망할 자식들! 대학교까지 다니는 놈들이 똥 하나 바로 누질 못하면, 그래 공부는 해서 뭐 하냔 말야. 빌어먹을 놈들!"

화장실에 있던 청소부가, 변기 구멍에다 바로 누지 못하고 흘려 놓은 똥을 보고, 혼자서 학생들 욕을 하던 참이었다.

나는 그 청소부를 불러 세웠다.

"그래, 이 사람아 학생들이 똥을 퐁퐁 잘 눠서 변소가 깨끗하면 그대 할 일은 뭔고? 그렇게 되면 그대 일거리가 떨어져, 이 사람아. 그 학생들이 다 그대 밥줄인 줄 알아서 하루에 몇 번씩 감사해도 모자랄 게 아닌가."

"네, 잘 알겠습니다. 총장님."

청소부는 머쓱해져서 화장실로 다시 들어갔다.

조주 스님은 한때 산호 방망이를 가지고 계셨다. 스님이 대체 그 귀한 보석으로 된 방망이를 무엇에 썼을까? 법매를 때릴 때 썼다. 법매란 무엇인가. "불교란 한마디로 무엇입니까?" 하고 묻는 사람이 있을 때, 그 영악하고 똑똑한 마음을 해탈시켜 주기 위해서 때리는 매다. 남들은 누겁다생을 두고 닦아도 불교가 무엇인지를 알 둥 말 둥한데, 그걸 한마디로 들어가지려는 도적놈 마음이니까 말이 끝나자마자 무섭게 방망이로 한 대 칠 수밖에.

그런데 어떤 사람이 조주 스님의 그 산호 방망이가 탐이 났던 모양이다. 조주 스님한테 와서 넙죽 절을 하고는 "천하의 선지식은 남에게 주는 것을 좋아한다지요?" 하고 천연덕스럽게 물었던 것이다. 이에 대해 조주 스님은 "천하의 대장부는 남의 물건을 탐하지 않는다고 들었소." 하고 천연덕스럽게 대꾸하였다.

말이 궁해진 그가 독이 나서 말하였다.

"나는 천하의 대장부가 아닙니다."

"나도 천하의 선지식이 아니오."

조주 스님이 맞받았다.

세상을 대할 때 남을 공격하는 마음이 있어서는 안 되겠지만, 남이 공격해 올 때 방어하는 준비 또한 없어서는 안 될 것이다.

지혜로운 사람은 천하를 버틸 힘을 가지고 있다 해도 손에 닿는 일만 한다. 자기 힘이 열이라면 일곱 정도만 쓰고 셋은 여축해 둘 줄 알아야 한다.

   세세생생 선지식 모시고 부처님 법문 듣고 공부 잘하길 발원하지, 선생님 모시고 공부 잘하길 발원하지 말아라. 그렇게 하면 스승을 마음에 그리기 때문이다. 스승을 그린다는 것은 스승을 끌어다 제 생각으로 만드는 것, 즉 아상을 연습하는 것이다.

우리의 인생이란, 영생(永生)으로 가는 길거리에서 하룻밤 여관에 든 것과 같다. 그러나 여관에 든 것을 임시로 들었다 하지 않고, 곡식이 필요하면 곡식을 심어 추수를 해서 알뜰하게 살고, 뒤에 오는 이를 위해서 갈무리도 하고 깨끗이 청소도 하여 두는 넉넉한 마음이라면, 그 사람의 앞날은 분명히 풍요롭고 밝을 것이다.

　그러나 여관에 들어 몸이 고단하다고 있는 것이나 다 먹어치우고 떠난다면, 뒤에 오는 이는 고생이 될 게 아닌가.

　육이오 동란 때 실제로 그런 일을 구경해 보았다.

　피난을 가다가 굶주려서 어떤 집에 들어가 보면, 미처 가져가지 못한 음식이나 양식이 남아 있는 경우가 있었다. 그러면 어떤 사람들은 그걸 잘 아껴 먹고 혹시 뒤에 올지도 모르는 피난민들을 위해서 깨끗하게 남겨 두고 떠났다. 그러나 또 어떤 사람들은 그걸 먹고 남은 것은 모두 싸서 짊어지고, 다 못 가지고 갈 것은 불을 지르거나 심지어는 남이 못 먹게 거기다 똥을 누고 가기까지 하였다. 이런 마음씨의 사람들이 바로 전쟁에서 고생하는 사람들이다.

　예전에 어떤 도인이, 목말라 애타다가 물을 구해 마시게 되면 먹고 남은 물을 "목마른 사람 먹어라." 하고 버리라고 하였다. 그런 사람이면 다시는 목마른 보(報)를 받지 않는다는 것이었다. 그러나 달게 마시고 남은 물을 여지없이 확 쏟아 내버리는 마음은 다시 목마른 보를 받게 된다고 하였다.

밖에서 찾지 말고 그대 마음을
들여다보아라

우주는 없다.
다만 깨침이 있을 뿐이다.
부처님은 안 계시다.
나를 밝게 해주는 이가 내 부처님일 뿐이다.

나에게 공부하러 오는 사람들에게 '미륵존여래불'을 하라고 권하다가 어느 땐지는 그들에게 '미륵존여래불'을 하지 말고 '금강반야바라밀경'을 염송하라고 시킨 적이 있다. 사람들에게 '미륵존여래불'을 하시오, 하니 마음에 미륵존여래불을 사람으로 그려 넣고 거기에 매달리므로, 그 마음을 해탈시키기 위해서였다.

    부처님이 어디 계신지 찾지 말아라. 그대가 생각하는 그런 위대한 부처님은 아무데도 계시지 않는다.
    그대를 밝게 해주려고 애쓰는 사람이 있다면, 그이가 바로 그대의 부처님일 것이다.
    부처님의 가피력이란 무엇인가.
    그대가 무슨 생각이든지 떠오르는 생각에 대고 '미륵존여래불' 하며 부처님께 바치고 아침 저녁 열심히 금강경을 읽으면, 어디서 왔는지 모르게 상쾌한 느낌과 든든하고 새로운 힘이 솟을 것이다. 이것이 바로 부처님의 가피력이 아니고 뭔가.
    이 세상이 누구에 의해 주재된다고 생각지 말아라. 칸트가 "이 세상은 내버려진 것이다. 다만 마음을 세운 사람이 찾는 만큼 나타날 뿐이다."라고 말했듯이, 이 우주는 무슨 뜻이 있어 이루어진 것이 아니다. 삼천대천 세계라는 것도 결국 중생의 업력으로 이루어진 것뿐이다.

석가여래가 영산회상, 인도에 계셨을 때, 그 주위에 여덟 왕이 있었다. 그 왕들이 군사를 각각 일천 명 거느렸다고 하는 기록을 보면, 그들의 영토는 매우 작았을 것이다. 그런데 석가여래의 제자는 그보다 많은 일천이백오십 인, 게다가 석가여래는 네 가지 계급을 모두 철폐해 버렸으니 제자의 수효가 얼마나 더 불어날지 왕들에게는 큰 골칫거리였다. 왕들은 모여서 회의를 하였다. 모두 힘을 합쳐 군대를 동원하여 쳐들어갈 수도 있었다. 그러나 그렇게 했다가는 석가여래와 그 제자들이 군사들에게 법문을 해주고 "너희가 하는 짓은 옳지 않다."고 이야기하면, "예, 그렇습니다." 하고 물러나올지도 모를 일이었다. 그래서 궁리 끝에, 석가여래와 그 제자들이 계신 기사굴 산중에다가 코끝에 칼을 달아 무장시킨 코끼리 오백 마리를 술을 잔뜩 먹여서 풀어놓기로 하였다.

한편, 기사굴에 있던 제자들은 코끝에 칼을 달고 술에 날뛰는 코끼리 떼가 몰려오자 그만 다 달아나 버리고, 오직 석가여래와 그이의 사촌 동생 아나율만이 남았다. 아나율이 남은 것은 그가 장님이기 때문이었다. 그는 왕족으로서 자만심이 많아 아무나 보고 반말을 하여 늘 시비가 많았다. 또 잠을 많이 자서 하루는 석가여래가 그에게 "잠자는 것은 어두운 연습을 하는 것이니, 잘 때 자고 쉴 때 쉬고 공부할 때 공부해야지, 이건 날마다 잠만

자니 그래 가지고 어떻게 하니? 내가 들으니 저 뱅갈 만 복판에 큰 조개가 있는데, 한 번 잠들면 삼천 년을 잔다더라. 그러니 네가 그런 종류가 아니겠는가?" 하셨다. 그 소리에 아나율은 왕족의 성미로 분하고 원통해서 칠일 동안 잠을 안 자고 공부를 하다가 눈이 멀게 된 것이다. 그 후 석가여래가 그의 마음을 잘 단속해서 공부하게 하여 그에게 천안통(天眼通)이 열렸다고 한다.

그 아나율이 앞이 안 보여서 그랬는지 어쨌는지 석가여래 옆에 남아 천안으로 보니 코끼리 떼가 마구 몰려오는데, 석가여래는 두 손을 높이 쳐든 채 태연히 앉아 계시는 것이었다. 그런데 곧 놀라운 광경이 벌어졌다. 석가여래께서 높이 쳐든 두 손의 열 손가락에서 밝은 기운이 나오더니, 그 기운 바깥에서 금빛 나는 사자가 한 마리씩 모두 열 마리가 나타났다. 코끼리가 제일 무서워하는 것이 사자인데 더구나 금색이 번쩍번쩍하는 사자들이 나타나니, 코끼리들은 무서워서 그만 주저앉아 버렸고, 주저앉아 있자니 술 기운으로 말미암아 모두 잠들어 버렸다. 실컷 자고 나니 술이 깨서 본래의 온순한 코끼리로 돌아가 슬금슬금 다 가 버릴 수밖에.

코끼리들이 물러가자 아나율이 말하였다.

"부처님께서 절더러 누가 뭐라든지 거기 마음 뺏기지 말고 제 마음을 들여다보라고 하셨지요. 제가 조금 전에 보니, 부처님은 호신술이 있어서 두 손만 쩍 벌려도 금색 사자가 나타나던걸요. 그러니 무슨일이 있어도 마음만 들여다보시면 되겠지만, 우리야 제 마음을 아무리 들여다보아도 코끼리가 금방 달려들어 칼로 찌를 텐데요. 그러니 그 말씀이 저희한테는 적용되지 않습니다."

사실, 아나율도 그 광경을 보고서야 그렇게 말할 만했을 것이다. 석가여래는 말씀하셨다.

"아나율아, 나는 수많은 생을 닦아서 부처가 되었다. 그 수없이 많은 생을 통해 알던 사람들, 혹은 함께 닦던 사람들을 가르쳐 주어야겠다는 생각이 남아 있어서 내가 이 세상에 온 것이지, 더 닦을 것이 있어서 온 것이 아니다. 너도 내 사촌동생이어서가 아니라, 여러 생 동안 닦으려 했으나 잘 안 되어 그 모양이 됐으니까, 너를 닦게 해주려고 온 것이다. 그런데 아무것도 모르는 코끼리들이 나에게 제도하는 것을 그만두라고 칼을 가지고 몰려드니 어찌하겠느냐. '그럼 마음대로 해라.' 하고 두 손을 든 것이다. 그러나 코끼리의 해침을 받고 몸을 다시 받을 인연이 더 없는 고로 밝은 기운이 일어났고, 그 밝은 기운이 다시는 어두워지지 않는다는 뜻으로 금색이 되었다. 코끼리가 제일 무서워하는 것이 사자이니, 그 금빛이 금색 사자로 나타난 것이 아니겠느냐. 내게 어떤 호신술이 있어서 신통 조화를 부린 것은 아니다."

내가 소사에 온 지 오래지 않을 때였다. 다른 곳에서 살던 사람이 새로 이사를 오면 동네 사람이 텃세를 부리는 일도 종종 있는가 보다. 내가 동네 사람들과 어울리지 않자, 이를 고깝게 여긴 이들이 나를 골탕먹이려고 상당히 벼른 모양이었다.

어느 날 밤, 내가 거처하는 방 창 위에 괴상한 옷자락이 너울대더니, 뒤이어 누가 괴성을 지르며 공포 분위기를 자아내는 것이었다. 마을 사람들의 장난이라는 것은 알 수 있었지만, 그럴 경우 어떻게 해야 좋을까. 우선 내 마음을 들여다보고 진정시키며 원을 세웠다. 밖에서는 귀신 장난이 한층 더 심해져 갔고……. 그때, 홀연히 그 장난을 하는 녀석의 정체가 알아졌다.

"이 아래 사는 천수 아니냐? 멀쩡한 몸뚱이를 가진 녀석이 몸뚱이가 없는 귀신 흉내를 내서는 못쓰느니라!"

나는 냅다 호령을 하였다.

'내 이름을 어떻게 알았을까? 정말 이분은 대단한 영검이 있는가 보다.'

동네 사람의 앞잡이가 되어 나를 시험해 보려던 천수라는 청년은 놀라서 뒤도 돌아보지 않고 도망쳐 버렸으며, 다시는 그와 같은 일이 생기지 않았다.

그때 내가 그놈의 정체가 무엇인지 궁리한 것이 아니었다. 다만 마음을 들여다보며 내 마음 움직이는 것을 부처님께 바치고 원을 세우고 앉아 있으려니, 내 입에서 저절로 그렇게 나온 것뿐이었다.

부처님께서 처음 발심한 보살들에게 이르셨다. "다른 사람들이 부처님을 비방하는 말을 하면, 수많은 창으로 자기 몸을 찌르는 것 같은 고통으로 알아야 한다." 그러나 큰 보살들에게는 화엄경 팔지 보살품에서 달리 이르셨다. "부처님을 비방하는 소리를 들어도, 마음이 움직이지 않기를 태산같이 하여라."
　금강경을 읽고 마음 닦는 사람들은 누가 스승을 비방하면 어떻게 해야 할까. 자기 마음을 들여다보며 거기다 대고 '미륵존여래불' 하여 흥분되는 마음을 바쳐야 할 것이다.

　개를 쫓기 위해서 개에게 돌을 던지면, 개는 돌을 쫓아 공격한다. 사자에게 돌을 던지면, 사자는 돌을 공격하지 않고 그 돌을 던진 사람을 공격한다.
　우주 삼라만상은 다 제 마음의 그림자일 뿐이다. 그러므로 그대 항상 제 마음을 들여다보고 무엇이든 제 마음에서 찾을 것이지, 밖에서 구하지 말아야 할 것이다.

왜 '미륵존여래불' 하나?

미륵존여래불은 누구인가.

그분은 본래 인도와 말레이 반도 사이에 있던 섬나라인 앤다만의 왕자였다. 가무잡잡한 피부의 이 왕자는 인도 대륙에 부처님이 출현하셨다는 소문을 듣고 통 대나무로 만든 배를 타고 벵골 만을 건넜다. 왕자는 거기서 갠지스 강을 거슬러올라 바라나시 근교의 녹야원까지 가서 부처님의 반야회상에 참여하였다.

하루는 부처님께서 설법을 하시다가 대중을 보니, 부처님을 향하고 있는 그들 모두가 환한 빛을 발하는 것이 부처와 조금도 다를 바가 없었다. 그래서 대중을 향해 그들의 밝음을 칭찬하시며 "보라, 그대의 한마음을 부처로 향하니 그대로 부처 아닌가. 그러니까 바로 그 한마음을 닦아 성불하는 것이다."라고 말씀하셨다. 순간, 대중들의 밝음이 일시에 사라지더니 다시 캄캄해지고 말았다. 제 마음 제가 닦아 성불한다는 부처님의 말씀을 듣는 순간, 그들의 마음에는 '아하, 바로 내가 내 마음 닦는 주인공이로구나.' 하는 생각이 일어났던 것이다. 캄캄한 제 마음을 향하다 보니, 그대로 캄캄해질 수밖에 더 있었겠는가.

그런데 기이한 일이었다. 다른 대중은 다 어두워졌는데, 오직 한 사람 더욱 밝아 보이는 이가 있었던 것이다. 부처님께서는 그의 마음을 관찰하셨다. 그는 마음에 제가 닦아 제가 성불한다는 생각 없이 "이렇게 마음 밝아지는 가르침을 부처님이 안 계셨다면 어디서 들을 수 있었겠습니까. 석가여래 부처님 참 고맙습니다." 하고 여전히 부처님을 향하니 그대로 밝아 있는 것이었다.

그가 바로 앤다만의 왕자였는데, 부처님께서는 이 광경을 보시고 "그대는 내 뒤에 부처를 이룰 터인데, 이름은 '미륵존여래'라 할 것이다." 하고 수기를 내리셨다.

조선 중엽, 평안도 방면 국경 수비 대장으로 있던 이괄이 반란을 일으킬 틈을 엿보고 있었다. 생각 같아서는 곧장 서울로 쳐들어갔으면 싶은데, 아무리 보아도 묘향산이 마음에 걸렸다. 이괄은 묘향산부터 손아귀에 넣고 서울로 가기로 작정하였다.

그로부터 얼마 뒤 묘향산 큰절 뒷방에 거처하던 노장 스님이 불공 보는 부전 스님에게 일렀다. "내일쯤 손님이 올 것이다. 그 손님이 '부처가 밥을 먹느냐?' 하고 묻거든 '네, 잡수십니다.' 그래라. '얼마나 잡수시느냐?' 하고 묻거든 '한 분이 오백 석씩은 잡수십니다.' 하고 대답해라."

'이 노장 스님이 느닷없이 무슨 소릴 하시나?'

부전 스님은 의아하게 생각하였다.

이튿날 꼭 그맘때였다. 사시 마지를 하느라고 부처님께 밥을 지어 바치고 종을 땡땡 치던 참인데, 불쑥 국경사 이괄이 나타났다. 이괄은 법당 문턱에 떡 버티고 서서 불경스러운 말투로 물었다.

"부처가 밥을 먹느냐?"

스님이 가만히 생각하니, 어제 노상 스님이 일러 준 말이 떠올랐다.

"네, 잡수십니다."

'옳지, 잘 되었다. 등상 부처가 밥을 먹긴 어떻게 먹나. 이젠 트집잡을

일이 생겼구나.'

이괄은 내심 좋아하였다.

"그래 얼마나 잡수시느냐?"

"한 부처님이 오백 석씩은 잡수십니다."

"그렇다면 곧 쌀 이천오백 석을 씻어 밥을 짓도록 하여라."

이괄은 이제 트집잡을 일이 생겼으니 묘향산을 샅샅이 뒤져 다 때려 죽이고 서울로 향하면, 먼저 서울로 가서 밀고할 놈도 없을 것이니 잘 됐다고 생각하였다. 그래서 이천오백 석이나 되는 쌀로 밥을 지어설랑 불기에 담아 법당으로 가져갔다. 그런데 이상스럽게도 등상 부처가 입을 딱 벌리더니 손을 뻗쳐 불기를 톡 쳐서 밥을 쏟아 넣는 것이었다. 그렇게 자꾸 집어삼키는데 삽시간에 오백 석이 거의 다 없어졌다. 쌀만 손해봤지 일은 틀린 셈이었다. 이괄 일행은 그냥 가 버리고 말았다. 그들이 떠난 뒤, 노장스님이 뒷방에서 나와 말하였다.

"큰 불공꾼이 들었지 뭐냐. 아주 잘 됐어. 그러나 이제부터 한 삼 년은 찬밥을 먹어야 되겠으니, 밥때 되거든 물을 끓여 놓고 법당 뒤에 가 보거라. 우리 먹을 만큼씩 있을 테니, 그걸 갖다 끓여 먹도록 해라."

그래서 그 절에서는 삼 년 동안 대중이 찬밥을 먹었다.

묘향산 다섯 부처님 앞으로 들어온 밥으로 스님들에게 삼 년 동안 먹인 그 노장은 대체 어떤 분이었을까.

여기서 우리가 알 수 있는 것은 절에 모셔 있는 등상불이 영험한 것이 아니라, 도인 계신 절의 부처님이 영험하다는 것이다.

함경도 어디쯤에서 일어났던 일이다. 산골 마을에서 과부 둘이 함께 살았다. 젊은 나이에 과부가 된 여자가 아들 하나를 길러 혼인을 시켰는데, 그만 첫날밤에 아들이 죽었던 것이다. 같은 신세의 시어머니와 며느리가 함께 사니 서로 위로도 되고 사이가 좋으련만, 현실은 그렇지가 않았다. 욕구 불만에 쌓인 두 마음이 부딪치니 미움과 증오로 집안이 늘 시끄러웠다. 그런 시어머니가 나이 칠십이 넘게 되자, 걱정거리가 하나 더 생겼다.
 "극락이라는 게 있다는데 죽으면 거길 가야 할 텐데……."
 그러던 어느 날, 밖에 나갔던 시어머니가 희색이 만면해서 돌아왔다.
 "아이구 얘야, 이제 난 죽으면 극락에 갈 수 있게 됐다. 고개 넘어 바닷가를 지나오는데, 묘향산에서 오셨다는 잘 생기신 스님 한 분을 만났지 뭐냐. 그래서 그분께 어떻게 하면 극락에 갈 수 있는지를 여쭈지 않았겠니. 그랬더니 가르쳐 주시더라. 그저 자나깨나 항상…… 뭐라더라…… 아이쿠, 큰일났군. 잊어버렸네. 이를 어쩌나……."
 노파는 펄쩍 뛰며 안타까워 하였다.
 그러지 않아도 죽으면 극락엘 가겠다고 설치는 시어머니가 은근히 얄미웠던 며느리는 내심 아주 고소하였다. 그래서 짐짓 시치미를 떼고 거드는 척하였다.

"거 참, 안타깝게 됐네요. 그런데 제가 가만히 생각해 보니, 그 스님께서는 틀림없이 뒷집의 김 영감님을 부르라고 하셨을 거예요."

그러니까 남편도 없이 시집살이를 한 데 대해 분풀이를 하고 싶었던 것이다. 무식한 시어머니는 듣고 보니 그런 것 같기도 하였다.

"그래, 맞다 맞아. 네 말대로 뒷집의 김 영감님이라고 하셨어."

그 날부터 집에서는 늙은 과부가 뒷집의 김 영감을 부르는 소리가 그치지 않았다.

자나깨나 김 영감을 부르던 늙은 과부가 마침내 임종을 맞게 되었다. 임종의 자리에서조차 뒷집의 김 영감을 되까리는 시어머니를 보고 미안한 생각이 들었지만, 차마 고백할 용기가 나지 않았다. 그런데 어찌된 일인가. 시어머니가 숨을 거두자마자 서쪽 하늘에서 밝은 빛이 뻗쳐 오더니 과부집 오막살이를 대낮같이 밝게 에워쌌던 것이다. 뒷집의 김 영감을 부르던 과부가 그 밝은 빛에 싸여 서쪽 하늘로 사라졌다. 말하자면 서방 정토에 극락왕생했던 것이다.

바닷가에서 늙은 과부에게 '나무아미타불'을 가르쳐 주었던 스님은 서산 대사라고 전해지는데, 어떻게 이런 일이 생길 수 있었을까.

늙은 과부가 입으로는 비록 뒷집의 김 영감을 불렀지만 그 마음은 온통 자신이 만났던 스님에게로 향해 있었던지라, 그 스님 정도만큼 밝아질 수가 있었던 것이다.

　요즈음 참선하는 사람들이 많다. 내가 아는 어느 참선 스님은 위장병이 있어서 식사 후면 "그윽!" 하고 트림을 한다. 그런데 가만히 보니, 그 제자들 역시 그 스님처럼 식사 후 "그윽!" 하고 트림을 하는 것이다. 제자들은 화두를 참구하면서 마음이 늘 화두를 준 스승에게 향해 있는지라, 자신들도 모르는 사이 스승을 닮는 것이다. 그러니까 도인이 준 화두라야 깨칠 수 있다.
　사람들은 절에 가서 치성을 드리면 영험을 본다고 한다. 그럼 어떤 절의 부처님이 더 영험하실까. 도인 계신 절의 부처님이 그 도인의 밝은 정도만큼 영험하시다.

'미륵존여래불'을 하라니까 많은 사람들이 "미륵존여래불은 지금 도솔천에 계시는데 얼마 후에 오실 것이다."라든지, "미륵불은 이미 출현하셨다."느니 하면서 마음에 분별을 일으킨다.

　내가 하라는 '미륵존여래불'은 그 어느 쪽도 아니다. 그런 약삭빠른 사람들에게 그들의 분별을 깨뜨려 주기 위해서 "부처님은 둘이 아니다." 하면, 그들은 얼른 "그럼 부처님은 하나군." 하고 하나를 끌어안을 것이다.

　바로 그런 사람들이 세상의 종말을 이야기하며 미륵불을 구원불로 등에 업고 혹세무민하여 사회적으로 물의를 일으키는 것이다.

　미륵존여래불은 석가여래 부처님이 마음 두신 곳이다. '왜 미륵존여래불을 하라고 하나?' 하는 생각이 올라오거든, 거기다 대고 '미륵존여래불' 하고 자꾸 바쳐라. 그러면서 스스로 깨쳐 보아라.

불가사의한 세계

서양의 철학자 중에 임마누엘 칸트는 상당히 골치가 밝았던 사람이다.

독일과 러시아의 접경 지대에 있던 조그만 마을에서 태어나 거기서 평생을 살았던 그는 재미있는 이야기를 많이 남겼다.

칸트는 날마다 산책을 했는데 비가 오나 눈이 오나 일정한 시간에 어김없이 나갔기 때문에, 마을 사람들은 그의 산책 시간을 기준으로 시계를 맞출 정도였다. 칸트가 젊을 적의 일이었다. 친구와 함께 산책을 하는데, 갑자기 어떤 사람이 식칼을 들고 덤벼드는 것이었다. 친구는 놀라서 황급히 몸을 피하였다. 그러나 칸트는 미동도 하지 않고 칼을 들고 덤비는 사람을 향해 조용히 말하였다.

"오늘은 금요일이오."

그러자 어찌된 일인지 그가 갑자기 공손해졌다.

"선생님, 실례했습니다."

그는 칸트에게 고개를 숙여 보이고는 가 버렸다. 숨어서 이 광경을 본 친구가 놀라워서 칸트에게 어떻게 된 일인지를 물으니 그는 대답하였다.

"놀라울 것 없지. 그 사람은 푸줏간 주인인데, 나를 소로 착각해서 칼을 들고 쫓아온 것이야. 내가 오늘이 금요일인 것을 알려 주자 무육일(기독교에서 고기를 안 먹는 날)임을 알고 제정신을 차린 것이네."

칸트의 '순수 이성 비판'이라는 논문을 보면, '종합적 즉각'에 대해서 쓴 것이 있다. 우리의 마음은 경험이나 궁리로 분석하지 않고도 종합해서 느닷없이 그냥 알아지는 능력을 갖추고 있다는 것이다. 예를 들어, 여기 다섯이라는 관념과 일곱이라는 관념이 있다고 하자. 이들은 현실에 의거한 관념인데, 둘을 합치면 다섯하고도 관련이 없고 일곱하고도 관련이 없는 열둘이라는 새로운 관념이 나온다. 그리고 그 또한 부인할 수 없는 현실의 한 덩어리다. 그것은 우리의 경험이나 생각으로 유추해서 이끌어 낸 결론이 아닌, 있는 그대로의 또 다른 현실이다. 그러므로 우리의 마음은 있는 현실을 종합해서 또 다른 현실을 그냥 아는 능력이 있다 하여 종합적 즉각이라고 표현한 것이다.

　칸트 이전이나 이후에도 수많은 철학자가 있었다. 또 칸트 자신의 논문도 여럿이었다. 그런데도 유독 순수 이성 비판이 돋보이는 것은 무슨 까닭일까? 그것은 그 논문이 도통의 경지인 종합적 즉각에 대해서 이야기 했기 때문일 것이다.

　그가 어떻게 철학 논문에서 도통의 경지를 언급하였을까.

칸트는 그 전생에 금강산에서 스승을 모시고 수도하던 중이었다. 그런데 그가 모시는 스승을 도통하신 분이라며 많은 사람들이 찾아오는 것이었다. 칸트 생각에 도통을 했다면 여느 사람들과는 무언가 크게 다를 것인데, 그의 스승에게는 특별한 것이라곤 보이지 않았다. '사람들이 몰려오는 것을 보면 도통을 하긴 하였나 본데……. 사흘만이라도 도통을 하여 그게 어떻게 생겼는지 구경이라도 해보았으면…….

이 한 생각이 원인이 되어 다음 생에 칸트로 태어난 그는, 세상의 이치를 탐구하는 철학을 공부하여 마침내 사흘 동안 도통하게 되었다. 칸트가 도통을 하고 보니 세상이 그대로 훤히 알아졌다. 그는 한 삼 년이면 그 경지를 글로 다 옮길 수 있을 것으로 생각했으나, 사흘이 지나자 다시 캄캄해지고 말았다. 그 바람에 그 경지를 기억해내서 옮기는 데 무려 십일 년이 걸렸다. 순수 이성 비판은 그렇게 해서 나왔다.

그가 만일 동양적인 사고 방식을 지니고 있었다면, 자기가 깨친 바를 희미하게나마 유지할 수도 있었을 것이다. 그러나 서양의 분석하고 분류하는 학자적인 습관으로 말미암아, 그는 고심 끝에 그것을 열두 개의 자루에 나누어 넣고 말았다. 그것이 칸트의 십이 범주라는 것이다. 그러나 이 세상의 이치가 어떻게 겨우 열두 개의 자루 속에 들어갈 수가 있을까. 그 때문인지 칸트가 죽을 무렵에는 정신이 깜깜해져서 사과와 달걀조차 구별하지 못하였다. 둘 다 동그랗다고 사과와 달걀을 같은 주머니에 넣었으니까.

사실, 서양에서 임마뉴엘 칸트가 나와 이 종합적 즉각을 이야기하기 전까지는 철학을 학문이라고 할 수 없었다. 다만 자기네 생각을 이야기하는 데 지나지 않았다.

도통한 이들의 판단은 과거의 경험을 분석 [Analytic aposteriori] 하는 것이 아니라 전부 종합적 즉각[Synthetic apriori]이라고 해야 하는데, 우리는 그것을 느닷없이 나온다고 말할 수밖에 없다.

율곡 선생이 두번째로 황해 감사로 부임하였을 때의 일이다. 지은 지 오래인 관청 건물이 곧 무너지게 생겨서 중수를 하게 되었다. 그래서 황해도에서 나는 큰 나무를 잔뜩 거두어들여 그 중에서 대들보감을 골라 놓았다. 대들보감이 얼마나 크고 튼튼하게 생겼는지 선생의 생각에 한 천년은 가겠다 싶었다. 그러나 그것은 생각일 뿐이었고……, 보니까 얼마 안 가서 사고가 나게 생겼던 것이다. 그만 대들보가 부러져서 사람 둘이 죽을 판이었다. 선생은 황급히 목수에게 궤짝을 하나 짜게 하였다. 그러고는 종이에 다섯 자씩 두 줄을 적어 넣었다. 말하자면 오언절구(五言絕句)였다. 선생은 종이를 접어 궤짝에 넣고 못질을 시키고는 "만약 후일에 내 직계손이 죄를 짓고 이 고을 감사 앞에 와서 재판을 받게 되거든 이 유서를 감사에게 보여라." 하고 일러두었다.

　율곡 선생이 돌아가신 후, 과연 그분의 구대 종손이 살인죄로 잡혀와서 재판을 받게 되었다. 종중에서는 선생의 유서도 있고 하여 감사에게 탄원하였다.

　"이 사람은 전임 감사 율곡 선생님의 구대 직계손인데, 그분이 이러한 범죄가 날 것임을 미리 다 아시고 그에 대한 말씀을 남기셨으니 보아 주십시오."

율곡 선생이라면 황해 감사를 두 번씩 지냈을 뿐만 아니라, 정승도 지냈고 무엇보다 성현이었다. 감사는 호기심이 났다.

"그럼 유서를 모셔오너라."

유서가 든 궤짝을 가져오는데 동헌 마루 높이 앉아 있자니 어쩐지 감사의 마음이 편치 않았다. 율곡 선생의 말씀이 오신다니 일어나서 받는 게 좋을 듯하였다. 이렇듯 감사가 뒷일을 성취하는 사람이어서 마루에서 뜰로 막 내려서는데, 그만 대들보가 딱 부러졌다. 마루에 그대로 앉아 있었더라면 감사는 꼼짝없이 대들보에 깔려 죽었을 터였다. 사람들이 놀라서 함께 유서를 뜯어 보았다.

구이압량사(救爾壓梁死) 하노니

활아구대손(活我九代孫) 하여라.

즉, "네가 대들보에 깔려 죽을 것을 구해 주니, 내 구대 자손일랑 살려다오." 하는 내용이었다. 그러니까 율곡 선생이 대들보가 몇천 년 가겠다고 여긴 것은 그저 생각이었고, 실제로는 얼마 안 가서 거기에 깔려 두 사람이 죽을 판이라 어떻게든 그걸 막아야겠다는 '느닷없는 판단'이 나왔던 것이다. 또 그렇게 알게 된 것은 경험의 분석을 통해서가 아니라 즉각을 통해서였다. 도통한 사람은 이렇듯 그냥 단박에 안다.

조선 정종 때 당상관과 승지를 지낸 이숙(李肅)이라는 분이 있었다.

어느 해인가 동지 차례를 지내려고 임금과 당상관들이 종묘에 모였을 때였다. 이숙이 주책이 없어서 그랬는지 임금의 조상들에게 팥죽 차례를 지내는 엄숙한 자리에서 그만 웃어 버렸다. 당시는 임금의 성미가 토라져서 "저놈 죽여라!" 하면 그것으로 끝일 때였다. 지금이야 삼심제도(三審制度)가 있어 세 번까지 재판을 받을 수가 있지만, 그때는 즉결이었던 것이다.

정종은 퍽 영특한 임금이어서 아는 체하다가는 이숙을 당장 무례죄로 처벌해야 될 것이고 모르는 척하자니 자신이 형편 없는 임금이 될 것이니 참고 또 참아 팥죽제가 끝날 때까지 견디었다.

이윽고 차례를 마치고 난 뒤, 임금은 그에게 물었다.

"이 막중한 종묘에 동지제를 올리는데 웃는다는 것은 모양이 그다지 좋지 않은데, 그대가 웃은 뜻이 어디에 있는고?"

이숙이 대답하였다.

"지금 합천 해인사 중들이 동지죽을 쒀서 불공을 하고 큰방에서 나누어 먹는데, 죽 뜨는 아이가 장판방에다 그만 죽을 엎질렀습니다. 그런데 그 엎질러진 죽을 그냥 두는 게 아니라 얼른 바리때에 주워 담으니, 바리때

임자가 그 더러운 것을 왜 주워 담느냐며 야단을 쳤습니다. 그래서 웃었습니다."

정종 임금으로서는 하나도 우습지가 않았다.

"그까짓 일에 웃음이 나올 수가 있겠느냐?"

"사실, 그까짓 일로서야 우습지가 않지요. 그런데 그 죽솥에는 진눈깨비가 잔뜩 엉긴 더러운 짚신 한 짝이 들어갔습니다. 절에 들락거리는 나무꾼이 신던 것이지요. 그것을 삶아서 죽을 만들었는데 그까짓 장판에 엎질러진 죽 좀 주워 담았다고 더럽다 하니, 이는 아주 바보가 아니겠습니까? 그래서 웃었습니다."

그쯤 되자 정종 임금도 별수가 없었던지 명령을 내렸다.

"곧 걸음 빠른 사령을 합천 해인사로 보내 사실을 확인하여라."

이틀 후, 해인사에 갔던 사령이 팥죽과 함께 삶았다고 하는 짚신 한 짝을 갖고 돌아왔다.

해인사 스님들은 그때 아주 겁이 났을 것이다. '임금이 조정에 들어앉아 어떻게 해인사에서 짚신짝 삶아먹은 것까지 알았을까?'하고.

귀신 중에는 특히 독해서 다루기 어려운 귀신이 있다. 시집 못 가고 죽은 귀신, 장가 못 들고 죽은 귀신, 그리고 도통하려다 못 하고 죽은 귀신 따위다. 한 맺힌 귀신은 주위에 피해를 주기도 하는데, 그런 귀신의 악심을 해탈시키고 천도시키는 일은 오직 마음의 눈이 밝은 이라야 할 수 있다. 그렇지 못한 사람이 천도하겠다고 나섰다가는, 오히려 그 사나운 귀신에게 되붙들려서 같은 귀신이 되기 일쑤다.

　내가 금강산에 있을 때 어떤 중이 도통을 하려고 애쓰다 못 하고, 도통에 대한 한을 품은 채 세상을 떠났다. 그렇게 악심을 내고 세상을 떠났으니, 내버려두었다가는 장안사 대중에게 큰 피해가 올 것이다. 몸은 없고 마음만 있어서 귀신이 주위에 해를 끼칠 때에는 그 범위가 크지만, 만일 어떤 몸이라도 받는다면 피해가 줄어들 것이라는 생각이 들었다. '사람의 몸이건 축생의 몸이건 몸을 받자면 생전에 지은 선근이 있어야 할 텐데…….' 그래서 그 중이 복 지은 것이 있나 관찰하니, 전에 그가 시루떡을 먹으라고 가져왔던 일이 떠올랐다. 이러한 인연으로 그는 천도될 수 있었다.

　얼마 후, 그 중이 생전에 드나들던 부엌께에 사슴 한 마리가 자주 나타나는 것을 볼 수 있었다.

세상에서는 예수가 누구인지 잘 모른다. 기독교인들은 더욱 모른다.
　불교를 믿는 사람들 중에 미륵불을 염송하는 사람들이 후생에 기독교 신자로 태어나는 경우가 많다.
　예수는 알고 보면 법(수기)을 받은 미륵존여래불이다.
　석가여래 회상에서 삼천 년 뒤에 미륵불이 되리라는 수기를 받은 이후, 미륵보살에게는 부처가 되어 중생을 제도하겠다는 생각 이외에 더 닦아야 할 분별이라고는 없었다.　부처가 되겠다는 그 한 분별을 해탈하는 기간이 삼천 년이라고 할까. 그 동안 미륵보살은 그 한 생각을 닦기 위해서 여러 번 몸을 받았는데, 그 한 몸이 예수의 몸이기도 하였고 마호멧의 몸이기도 하였다.　그이는 예수의 몸이 되어서도 중생을 제도해야 한다는 한 생각 때문에 십자가를 지고 고통을 받았다.
　십자가에 못 박힐 당시, 예수는 사지에 못이 박히는 고통까지는 견딜 만하였다. 그러나 가슴에 못이 박힐 순간에는 예수로서도 견디기 힘들었다.
　그이의 마음은 폭풍이 몰아치듯 흔들렸다. 그러나 정작 못에 박히는 순간 그이는 홀연히 마음이 안정되었다. 자기 자신이라고 여겼던 몸이 제 몸이 아님을 보았기.때문이다. 그 몸은 못을 박는 사람과 업보를 주고받는, 예수와는 관련이 없는 몸뚱이였던 것이다.

모든 것을 부처님께 바쳐라

우리가 불교를 신앙하는 궁극적인 목적은 부처가 되려는 데에 있다. 석가모니 부처님께서 사바 세계에 출현하신 큰 뜻도, 고해(苦海)에서 윤회하는 중생을 제도하여 부처로 만드는 데에 있었다.

부처가 되면 중생이 가지는 일체의 번뇌와 고통과 부자유에서 벗어나 원만하고 자유자재로워진다. 그러므로 성불은 곧 해탈인 것이다.

그러면 성불은 어떻게 해야 하며, 해탈은 어떻게 이루어질까. 이에 대해 석가모니 부처님께서는 모든 것을 버리라고 말씀하셨다. '나'를 버리고 탐심과 진심과 치심을 버리라고 가르치셨다. 아만과 집착과 아집을 버리고 아상을 떼어 버려야 한다고 가르치셨다. 매에게 쫓기는 비둘기의 생명을 구하기 위해서 자신의 육체를 매에게 던져 주시던 당신처럼, 모든 것을 버릴 수 있어야 성불이 가능하고 해탈의 길이 열린다고 하셨다. 모든 것을 버리지 않고는 윤회의 굴레를 벗어날 수 없고, 피안(彼岸)의 길 또한 아득할 수밖에 없다고 말씀하셨다.

그러나 나는 여기서 성불과 해탈을 위해 모든 것을 부처님께 바치라고 말하고 싶다. 우리는 자신의 모든 것을 부처님 앞에 바칠 줄 알아야 한다. 몸도 마음도 탐욕과 진심과 어리석음도 부처님께 바치고, 기쁨도 슬픔도 근심도 고통도 모두 바쳐야 한다. 모든 것을 부처님께 바칠 때 평안이 오고, 일체를 바치고 났을 때 법열이 생기는 것이다. 오욕(五慾)도 바치고 팔고(八苦)도 바쳐야 한다. 부처님께서는 우리가 바치는 모든 것을 기꺼이 받아 주신다. 그리고 이렇게 모든 것을 바침으로써 부처님의 가르침이 받아들여지는 것이다.

　중생의 원인이 되는 무명(無明)을 바치면, 부처님의 지혜가 비친다. 부처님의 광명이 우리에게 비칠 때, 우리는 비로소 윤회의 바다를 벗어나게 된다. 생사를 바치면, 거기에는 불생불멸의 영원한 삶이 있다.
　모든 것을 부처님께 바치지 않고 자기 소유로 하려는 마음에서 일체의 고통이 따르고 번뇌가 발생한다.
　명예를 자기 것으로 하고, 재물을 자기 것으로 하고, 여자를 자기 것으로 하고, 자식을 자신만의 자식으로 하려는 데에 중생의 고뇌가 있다. 이러한 모든 것은 영원한 자기 것이 될 수 없다. 어찌 명예가 자기와 같이할 수 있으며, 남녀의 사랑이, 재물이 자식이 완전한 자기 것이 될 수 있을까. 그러므로 중생적인 것은 모두 부처님께 바치고 무상치 않은, 즉 영원히 자기 것일 수 있는 부처님의 지혜와 진리를 얻어야 한다.
　모든 것을 부처님께 바치라 함은 우리가 항상 부처님과 같이해야 한다는 뜻이기도 하다. 부처님과 잠시라도 떨어져 있게 되면, 일시에 번뇌와 망상이 생기기 때문이다.

 유럽에서 돌아와 불교 전문학교 교수로 있다가 사임하고 금강산 안양암에 들어가 단신 수도를 한 적이 있는데, 그 이유는 나 자신이 좀더 부처님 속에서 살고 싶었기 때문이다. 부처님을 멀리하고는 왠지 허전해서 일을 할 수가 없었던 것이다.
 처음 삼 년 동안은 오직 혼자서 기도를 올렸다. 그러나 삼 년이 지나던 해, 금강산에 들어와 수도하던 많은 대중이 같이 있자고 간청하는 바람에, 그들의 뜻을 물리칠 수 없어서 지장암(地藏菴)으로 처소를 옮겼다. 그때부터는 여러 수도자들과 함께 기도하면서 그들을 지도하는 일에 온갖 정성을 기울였다. 안양암에서 삼 년, 지장암에서 칠 년, 합쳐서 십 년 기도였다. 일본 경찰의 압력으로 금강산 수도 생활은 더 계속될 수 없었지만, 목적했던 만 일 기도를 무사히 마쳤다는 것은 퍽 다행스러운 일이었다. 그때 상황으로는 부처님의 가호 없이는 십 년을 채우기가 어려웠던 것이다.
 지금 돌이켜보면, 금강산에서 수도하던 시절보다 더 뜻 있고 보람찼던 때는 없었다. 그 중에서도 안양암에서의 단신 수도 생활은 더욱 그렇다.

그때 나의 심신은 불타오르고 있었다. 나는 모든 것을 부처님 앞에 바치고 있었다.

지금도 나는 부처님 곁을 떠나는 날이 없다. 나의 마음 속에, 그리고 나의 생활 속에는 항상 부처님이 계시다. 나의 이러한 신앙심은 내가 부처님과 인연을 맺은 날부터 지금에 이르도록 변함이 없다. 나의 모든 고행은 명리를 얻고자 함이 아니요, 다만 모든 것을 부처님께 바치려는 수행 과정이었고 구도 행각이었다.

우리는 이제부터라도 모든 것을 부처님께 바칠 줄 알아야겠다. '나'라는 아만심, '내 것'이라는 집착심을 훌훌 털어내서 부처님 앞에 바쳐 보아라. 금강경에 나오는 "응무소주 이생기심(應無所住 而生其心)."이란 바로 이런 소식이다. 또 "범소유상 개시허망 약견제상 비상 즉견여래(凡所有相 皆是虛妄 若見諸相 非相 卽見如來)"라 하셨다. 그 범소유상, 그리고 유상이 아닌 모든 것까지도 부처님께 바칠 때, 여래는 우리 앞에 출현하시는 것이다.

몸과 마음을 부처님께 바친 자리, 그 텅 빈 자리가 바로 부처의 자리다. '나'라고 하는 놈은 무엇이든지 하나를 붙잡아야지 그냥은 못 배긴다. 그놈 때문에 우리가 고통과 윤회의 중생을 벗어나지 못하고 있지 않은가. 모든 것을 부처님께 바치면, 거기에는 아만과 아집도 없다. 그렇게 되면 시기나 질투도, 명예를 위한 다툼도, 자리나 이권을 위한 싸움도 일어나지 않는다. 오직 공경심과 환희심으로 밝은 상락아정(常樂我淨)의 불국토(佛國土)일 것이다.

우리 함께 모든 것을 부처님께 바치자.

괴로움의 근본 '나'를 벗어나는 가르침
금강경

지금으로부터 삼천여 년 전, 네팔의 수도 카투만두 근처에 카필라바스투(Kapilavastu)라는 도시 국가가 있었다. 왕을 인도말로 라자(Rāja)라고 하는데, 싯달타는 그 카필라 국의 라자 숫도다나(Śuddhodana)의 아들로 태어났다. 싯달타는 어려서부터 매우 영특하였고, 여느 아이들과 달리 특별한 생각을 많이 하며 자랐다.

당시, 인도는 많은 나라들로 나뉘어 서로 패권을 다투고 있었다. 그래서 주위 사람들은 싯달타가 남달리 영특하고 하니, 장차 인도를 통일하는 대왕이 되기를 바랐다. 숫도다나는 여러모로 뛰어난 아들을 위해 나라 안에서 제일 가는 선생을 모셔다가 최고의 학문을 가르쳤다. 그때 벌써 인도에서는 철학의 여러 이론들이 매우 발달한 상태였다.

그런데 태자가 열아홉 꽃다운 나이로 온갖 영화를 뒤로 하고 삶의 문제를 해결해 보겠다고 궁궐을 나섰으니, 주위 사람들의 실망은 이만저만 크지 않았다.

태자는 가르침을 구하기 위해서 카필라를 떠나 마가다 국으로 갔다. 마가다는 당시 인도 대륙에서 가장 큰 나라였으며, 학문과 문화의 중심지였다. 풍요와 자유스러운 분위기가 넘쳐흐르던 마가다의 수도 라자그리하에는 갖가지 비정통 종파의 수도자들이 모여들었다.

한편, 마가다의 왕은 카필라의 태자가 왕위 계승권까지 버리고 오로지 삶의 문제를 해결하기 위해서 구도자가 되어 온다니까, 호기심도 나고 구도자를 우대하는 나라 풍습에도 따를 겸 그를 만나러 갔다. 태자의 모습은 과연 훌륭하였다. 왕은 흐뭇해져서 그에게 말하였다.

"과연 당신은 참 거룩해 보입니다. 한 곳에서 삼 년 이상 머문다면 틀림없이 많은 대중이 당신을 따르리다. 나의 영토에 수도처를 마련해 드릴 터이니 삼 년만 있어 보시지요."

이에 젊은 수도자는 말하였다.

"왕이시여! 나는 이 세상 괴로움의 근본이 무엇인지 살펴보았습니다.

고기 잡는 사람들을 보십시오. 큰 고기를 낚고자 하다가 깊은 물에 빠져 죽습니다. 또 나무하는 사람들을 보십시오. 큰 나무를 구하고자 하다가 벼랑에 떨어져 죽습니다. 상인들을 보십시오. 재화를 탐하다가 도둑의 손에 죽기도 합니다. 제왕들을 보십시오. 더 큰 세력을 얻고자 하거나 남의 영토를 탐하다가 적의 손에 죽습니다.

나는 이러한 괴로움의 근본을 깨치고 이 문제를 해결하여, 모든 중생이 그러한 괴로움에서 벗어나 영원한 행복을 누리게 하려 합니다."

"참으로 당신은 성인이십니다. 수도를 하신다면 반드시 도를 성취하실 것입니다. 그렇게 되면 제일 먼저 저를 제도해 주십시오."

감격한 왕이 젊은 구도자에게 말하였다. 그러자 그가 일렀다.

"왕이시여, 바로 그 구하는 마음을 쉴지어다."

이 말이 바로 그분이 출가한 동기의 핵심이라고 해도 좋을 것이다.

그렇게 출가해서 처음 여섯 해 동안 태자는 당신의 탐구하는 바를 해결하기 위해서 여기저기 스승을 찾아다녔다. 지금도 그렇지만, 당시 히말라야 기슭과 갠지스 강 연안에는 고행 수도를 해서 신선이 되려는 사람들이 많이 있었다. 그런 사람들을 찾아다니며 여섯 해를 수도해 보았으나, 그들의 수행 방법과 목표가 당신 마음에 진선진미(眞善眞美)하다고 생각되지 않았다. 그래서 다시 여섯 해 동안 홀로 보리수 나무 밑에 자리를 잡고 미동도 하지 않은 채 수도에 전념하였다. 얼마나 꼼짝도 하지 않고 있었던지 다리 사이로 칡덩굴이 자라서 그분의 몸을 감고 자라 올랐으며, 머리에는 새가 둥지를 틀고 알을 까서 새끼를 칠 정도였다. 이는 징녕 그분이 거의 움직이지도 않고 수도에 전념하였다는 극단적인 표현일 것이다.

이렇게 여섯 해 동안 수도하던 분이 어느 날 갑자기 자리를 털고 일어나

가까운 강가로 나갔다. 그때 주위에는 싯달타 태자를 지켜보며 함께 수도하던 다섯 사람이 있었다. 출가할 때 궁궐에서는 부왕 쪽에서 세 사람, 외가 쪽에서 두 사람을 붙여서 태자의 신변을 잘 지켜 주도록 했던 것이다. 그 동안 태자가 고행하는 것을 보고 감격한 그들은, 태자를 흉내내며 함께 고행을 하던 중이었다. 그 다섯 사람의 생각에 수도라는 것은 몸뚱이가 스러질 때까지 고행을 해서 몸을 받는 고(苦)가 없는 세계에 나는 것이었다. 당시 인도의 일반 민중으로서는 몸뚱이 부지하는 것만도 큰 고생이었으니까, 몸뚱이 없는 삶의 세계가 그들의 이상이요 목적이었다 해도 그다지 이상스러운 일은 아니었다. 그런데 그렇게 수도를 잘하던 이가 훌훌 털고 일어나 강에서 목욕을 하고는, 근처에서 소를 치던 소녀가 바치는 우유와 쌀과 꿀로 만든 죽을 주저없이 받아먹는 것이 아닌가. 그들이 보기에는 기가 막힐 노릇이었다. 그들은 지금껏 떠받들던 태자에게 실망해서 말하였다.
"저이는 이제 파도(破道)한 것이다. 파도자는 천한 신분인 우리만도 훨씬 못한 사람이니까 상대할 가치조차 없다. 이제부터 우리끼리 따로 수도하기로 하자."

다섯 사람은 맨 처음 수도하던 곳으로 가 버렸다. 홀로 남은 태자는 고행이 도를 이루게 하는 길이 아니라고 생각하였다. 태자는 날마다 공양을 올리는 소녀의 죽을 받아먹고 극도로 쇠약해진 몸을 회복시키면서 그야말로 깊은 명상에 잠겼다. 그러던 어느 새벽녘 환히 떠오르는 샛별을 보는 순간, 태자는 당신이 답답하게 여기던 모든 것을 다 해결하였다. 문득 깨달음을 얻었다고 할까.

그리하여 그때부터 그 가르침을 널리 펴게 되었던 것이다.

석가여래께서는 당신의 깨치신 바를 남에게 가르쳐 주고 싶었다.

그러나 그 내용이 여느 사람들이 이해할 수 있는 정도와는 원체 거리가 멀어서 그만둘까 어쩔까 망설여졌다. 어떤 기록에는 삼 일을 생각하셨다고 하고, 어떤 기록에는 칠 일을 생각하셨다고도 한다.

사십이장경(四十二章經)이라는 경을 보면, 그때에 아주 가만히 앉아서 안정을 취하셨다고도 말하고 있다. 그리하여 그 안정을 마치신 후, 석가여래께서는 당신을 모시던 다섯 사람이 수도하고 있던 지금의 바라나시 근교 이시 파타나(Isi patana : 녹야원)로 가셨다.

멀리서 석가여래께서 오시는 것을 본 다섯 수도자는 서로 약속을 하였다.

"저기 고타마가 온다. 저이는 도를 깨뜨린 추악한 사람이다."

"행여 우리까지 물들면 큰일이니까, 저이가 오면 발 씻을 물을 떠다 주지 않는 것은 물론이고 아예 아는 척도 하지 말자."

옛 인도에서는 맨발로들 다녔기 때문에, 손님이 오면 발 씻을 물을 떠다 주는 것이 큰 예절로 되어 있었다.

그런데 석가여래께서 다가오시자, 어찌된 일인지 제일 먼저 그렇게 하자고 제안했던 사람이 약속을 깨고 일어나 아주 정중한 태도로 인사를 하는 게 아닌가. "참 잘 오셨습니다." 그러자 나머지 네 사람도 일어나 석가여래의 발을 씻어 드리며 예를 올렸다고 한다.

 석가여래께서는 그 다섯 사람을 앞에 앉히시고 당신의 깨치신 바를 말씀하시게 되었는데, 이를 불교에서는 초전법륜(初轉法輪)이라 하여 아주 중요한 사건으로 기념하고 있다.

당시, 인도 사람들에게 절실했던 문제 중의 하나는 기후 조건이었다.
　원래 인도라는 곳은 북쪽에 히말라야라고 하는 아주 높은 산악 지대가 있어서, 계절풍이 불어오기 시작하면 그 더운 기류가 높은 산에 걸려 갑자기 냉각됨으로써 백 일 가까이 큰 비가 내리는 우기(雨期) 속에 놓이게 된다. 백 일쯤 줄기차게 쏟아지던 비가 뚝 그치고 나면, 다음 이백육십 일 동안은 불볕 더위와 가뭄으로 말미암아 온 산하와 대지가 말라붙는다. 이러한 기후 조건하에서 살아가야 하는 인도 사람들은 삶을 괴로움〔苦〕이라고 생각하였다. 선풍기나 에어컨도 없던 시절에 일 년의 절반 이상을 사십 도가 넘는 더위와 가뭄, 그리고 가난 속에서 살아가야 했던 그들이 삶을 고통이라고 생각한 것은 너무나 당연한 것이었다.
　석가여래께서는 그들에게 말씀하셨다.
　"그렇다, 형제들이여. 이 세상은 괴로움에 차 있다. 이 괴로움의 세계에 태어남은 괴로움이며, 늙고 병들고 죽는 것 역시 괴로움이다. 싫은 것과 만나야 하는 것도 괴로움이고, 좋은 것과 헤어져야 하는 것도 괴로움이며, 구하는 것을 얻지 못하는 것 또한 괴로움이다. 이 세상의 모든 것은 무상하고 불안정하여 우리의 의지처가 되지 못하고 괴로움의 원인이 된다. 나는 이 덧없고 괴로운 미혹의 세계를 벗어나 불생 불멸의 안온한 세계, 열반 적정의 밝은 경지에 도달하였다. 이제 나는 그대들에게 이 길을 가르쳐 주려 한다."

그렇게 해서 이 세상은 괴로움이라 하여 고(苦), 그 괴로움들을 한데 모아 검토해 보자고 하여 집(集), 잘 검토해 보면 그 근본이 없음을 알게 되므로 괴로움이 없어진다고 하여 멸(滅), 이렇게 하는 것이 정각과 해탈의 경지로 나아가는 바른 길이라 하여 도(道), 이른바 사제 법문을 설하시게 되었던 것이다. 그리고 이를 위해서 바른 견해, 바른 생각, 바른 말, 바른 행위, 바른 생활, 바른 노력, 바른 마음가짐, 바른 선정 따위 여덟 가지 바른 생활의 길〔八正道〕을 닦아야 한다고 가르치시게 되니, 거기서부터 비로소 불교가 성립되었다고 할 수 있다.

교단이 성립하자면 가르치는 사람과 배우는 사람, 그리고 가르침의 내용이 있어야 한다. 처음 성립한 불교 교단의 경우, 가르침은 석가여래 자신이 맡으셨고, 배우는 사람들은 그 다섯 수도자였으며, 가르침의 내용은 당시 인도 사람들의 당면 문제를 해결해 주기 위한 방법인 사제 법문이라 할 수 있을 것이다.

그런데 어느 날, 다섯 비구 중의 한 사람이 시장에 나갔다가 우연히 '사리불'과 마주치게 되었다. 사리불은 그때 '목건련'과 함께 출가하여 '산자야'라는 육사외도(六師外道)의 한 스승 밑에서 수도하던 중이었는데, 자기 스승한테서 더 배울 것이 없는 형편에 이르러 있었다. 사리불은 시장에서 마주친 한 사문의 단정한 모습에 그만 감동이 되어 그에게 말을 걸었다.
"사문이시여, 당신은 어떤 스승을 모시고 무엇을 배우고 있습니까?"

그 비구는 대답하였다.

"나의 스승은 석가여래 부처님이시고, 요즈음 배우고 있는 것은 사제법문입니다."

이어서 비구가 그 내용을 설명해 주니 사리불은 당장에 목건련과 함께 부처님을 스승으로 모실 것을 결심하게 되었다. 그러자 한편 그들의 스승, 산자야는 이백오십 명 제자 중에 지혜와 신통력이 제일 뛰어난 두 사람이 자기 곁을 떠나 부처님께로 간다는 사실이 분하고 원통해서 자결을 하고 말았다. 그래서 두 사람을 따라서 나머지 사람들도 모두 석가여래 부처님의 제자가 되니 교단의 식구는 갑자기 이백오십여 명으로 늘어났다. 그 일의 여파로 육사외도 측에서는 문단속을 강화하게 되었고, 신통력으로 부처님 교단을 호위하던 목건련을 제거 대상으로 삼는 바람에 그를 해치려는 사건이 잇달았다. 그러나 그런 와중에서도 가섭 삼 형제가 그들의 제자 천여 명을 이끌고 부처님께 귀의하니, 부처님 회상은 천이백오십 명의 대식구를 이루게 되었다.

  부처님께서는 그들에게 십이년 동안 사제 법문을 가르치시고 실행하도록 이끄셨다. 그 결과 그들은 괴로움의 근본을 깨쳐서 삶이 주는 괴로움과 몸뚱이에 대한 괴로움을 능히 극복할 수 있게 되었다. 이 사제 법문을 토대로 한 처음 십이 년 동안의 가르침을 후세 불교 학자들은 '아함부'라고 규정하였다.

다음 번 문제가 계급 문제이다.

인도에는 오랫동안 카스트라는 계급 제도가 있었다. 카스트 제도는 아리안 족이 인도를 정복하고 퍼뜨린 이른바 우주 창조설에서 나왔다. 거기에 따르면, 아리안 족의 조상은 우주를 관장하는 주재자(主宰者)인 브라만이다. 그 브라만이 이마로 낳은 아이가 브라만 계급, 입으로 낳은 아이가 왕족과 귀족 계급, 생식기로 낳은 아이는 농공상의 평민 계급, 발 뒤꿈치로 낳은 아이는 천민 계급이 되었다는 것이다. 말하자면 카스트는 외래 정복자가 인도 원주민을 통치하는 수단으로 만든 제도였다.

이 제도로 말미암아 하층 계급의 인도 민중들은 날 때부터 차별 대우를 받으며 매우 고생들을 하였다. 석가여래께서는 이에 대해서 모든 사람은 절대 평등하다고 이르셨다. 단지 스스로 원인 지어 결과를 받을 뿐, 브라만도 노예도 근본은 같으니 수도하면 누구나 부처를 이룰 수 있다고 가르치셨다. 두번째 계급인 크샤트리아 출신인 석가여래의 이와 같은 주장은 대단히 혁명적인 것이었다. 사실, 많은 브라만 계급의 사람들이 석가여래가 자신들보다 아래 계급에 속한다는 생각 때문에 부처님 회상에 들어오지 못하였다. 그런데도 석가여래의 십대 제자 중에 총애를 받고 혜명을 이어받은 제자가 브라만 출신인 마하 가섭인 것을 보면 재미있는 일이다.

이와같이 모든 사람이 차별 없이 똑같다 해서 '방등부(方等部)'라고 하는데, 그것을 팔 년 동안 가르치셨다. 아함부 십이 년과 방등부 팔 년 해서 도합 이십 년 동안을 가르치시다 보니까, 그 모두가 한마음 밝지 못해서 벌어지는 일들이었다. 그 한마음 밝아만지면 아무런 문제도 없을 것이었다. 그래서 "자기 마음 닦아서 성불하니라." 하셨던 것이다. 이것을 '반야부'라고 하는데, 이 반야부를 석가여래 세수 오십 세부터 칠십일 세까지 장장 이십일 년 동안 말씀하신 것을 보면 그 중요성을 짐작할 수 있을 것이다. 이렇게 사십일 년이 경과한 후부터 열반하실 때까지 팔 년 동안 교화하신 내용을 '법화열반부'라고 한다. '법화부'는 불교의 유통 문제를 말씀하신 것으로, 예를 들자면 절의 처마 끝이라도 보고 마음을 일으킨 사람은 결국 불교와 인연이 되어 끝내는 불교의 식구가 된다는 내용이다.

　전에 중국 천진에 갔다가, 교외의 어느 유원지에서 강 저편 바위에 부처님 상을 조각해 놓고 이쪽 강둑에서 돌멩이를 던져 불상을 맞추면 행운이 온다고 해서 사람들이 몰려들어 돌팔매질 하는 광경을 본 적이 있다. 이런 것은 무엇을 말할까. 부처님과 어떤 식으로든 인연 짓게 하기 위해서 어느 스님이 해놓으셨을 것이다. 이와 같은 내용이 법화부라 할 수 있다. 중생을 제도하시고자 하는 부처님의 원력으로 모든 중생은 이런저런 인연을 맺어 결국에 가서는 다 밝아져서 불도를 성취한다는 것이 이 법화부의 요지다. 또 '열반부'란 부처님께서 임종 직전 하루 한나절 동안, 모든 마음 닦는 사람 혹은 미(迷)한 사람이 이 세상을 작별할 때 몸뚱이를 향해 어떻게 해야 하는지에 대해서 말씀하신 것이다.

그럼 화엄경이란 무엇인가.

화엄경의 정식 이름은 대방광불 화엄경(大方廣佛 華嚴經)인데, 많은 수행인들이 이 경을 좋아하고 있다. 그러나 한편 불교 학자들이나 수행인 일부에서는, 이 화엄경은 부처님이 직접 말씀하신 경이 아니므로 불경이라고 할 수 없다는 주장도 펴고 있다. 더욱이 화엄경의 첫 구절이 "여시아문(如是我聞)"이 아니라 불설(佛說)로 시작되는 것을 강조하고 있는 것이다. 역사적으로 볼 때 물론 화엄경은 석가여래 부처님, 즉 육신으로 오신 부처님께서 직접 설하신 것을 받아 쓴 것은 아니다. 부처님 열반하신 후 마명(馬鳴)이라는 분이 있었는데, 이분이 법문을 하면 말〔馬〕이 다 감동하여 울었다 하여 그와 같은 이름을 갖게 되었다. 그리고 그분의 제자 중에 '나가르주나'라는 이가 있었다. 우리말로 하자면 용수(龍樹)로, 대승 불교의 사상과 철학을 집대성하여 널리 유럽에까지 그 이름이 알려진 분이다.

화엄경은 마명과 용수 두 분이 아함부를 부연해서 이야기한 것인데, 자기들이 했다고 하지 않고 부처님이 말씀하셨다고 하였다. 그래서 누가 "그럼 이 책을 그대는 어디서 구하였는가? 지금까지 우리가 전혀 본 일이 없지 않느냐?" 하고 물으니 "아함부에서 말씀하신 것인데, 아함부가 인간적이고 구도자의 이야기라면 이것은 우주적인 것이다."라고 말하였다고 한다. 그 책은 바닷속 용궁 깊은 곳에 있었는데, 당신이 용궁엘 다니러갔다가 그것을 보고 기억해 갖고 돌아와 썼다는 것이었다. "그래 용궁에 있다는 그 책은 어떤 내용이었소?" 하고 다시 물으니 "이 우주 전체더라." 하였다고. 거기서 조금 베낀 것이라고 해서 그 후 대방광(大方廣)이라는 석자가 붙은 경은 불경이 아니라는 주장도 나오게 된 것이다.

어찌되었건 화엄경은 부처님 세계의 양상을 자세히 묘사해서 장엄불토(莊嚴佛土)를 표현했을 뿐 아니라, 부처님의 성도하신 광경을 서술하고 불가사의한 불경계(佛境界)를 표현해 담고 있는바, 이런 내용을 부처님이 아니면 누가 말씀하실 수가 있을까. 진리적인 안목으로 볼 때, 이는 부처님 말씀이어야 하리라.

부처님께서 성도 후 사십구 년 동안 설법하신 내용을 후세의 학자들이 편의상 아함부, 방등부, 반야부, 법화부의 네 카테고리로 분류하였다고 한다면, 금강경은 반야부에 속하는 것이다. 장장 이십일 년에 걸쳐 말씀하신 반야부를 육백 반야라고 하는데, 그 중 우리에게 절실히 필요하고 육백 반야를 모두 함축한 경전이 바로 이 금강반야바라밀경(金剛般若波羅蜜經)이다.

    금강은 물질 중에서 제일 단단하다고 한다. 어떻게 그렇게 단단하게 되었을까? 인도의 뒷벽 히말라야 산맥에서 제일 높은 봉우리는 에베레스트다. 그 높이가 자그마치 팔천팔백여 미터가 되는데, 그와 같은 산이 솟아오를 때의 열과 힘은 거의 측정이 불가능한 초고온 초압력일 것이다. 그러한 초고온 초압력의 에너지가 지나간 단층 근처에 있던 물질들은 변하게 되는데, 그 중 탄소는 변하여 다시는 부서지지 않는 금강석이 된다고 한다. 오늘날 공업용으로 인조 다이아몬드를 만들어 쓸 때에도 탄소를 높은 온도에서 최고압을 가해서 만든다.

    그러니까 금강반야란 반야 중에서도 다시는 부서지지 않고 어떤 경우에도 변하지 않는 반야라는 뜻인 것이다.

    다시 말해서 석가여래께서 이 경을 통해 말씀하신 대로 행하면 우리도 꼭 밝아질 수 있고, 한번 밝아만지면 다시는 컴컴해지지〔迷〕않을 것이라 해서 그런 이름을 붙였을 것이다.

이 금강반야를 말씀하시기 전까지는 공부하는 사람으로서 금기(禁忌)되는 것이 아주 많다. 예를 들면 성을 잘내는 사람, 불구자 같은 사람, 혹은 인도에는 그런 것이 있는 모양인지 물건이 변화해서 사람 모양같이 되는 변화인(변화인은 비밀이 많으니까), 백정 같은 일을 많이 연습한 사람, 이러한 사람들은 공부하기 어려우니 함께 있지도 말라고까지 말씀하신 일이 있는데, 오직 이 금강경 안에서는 단지 착한 남자나 착한 여자는 다 마음 밝을 수 있는 대상이 된다는 것이다.

금강경 십육분에 보면 이런 말씀이 있다.

"만약 어떤 사람이 금강경을 읽는데도 주위 사람들이 업신여기고 경멸한다면, 이 사람은 몸 받기 전에 그러한 일을 당할 만한 원인이 있어서 악도에 떨어져야 할 것인데 금강경을 읽고 그 마음을 밝은 쪽으로 닦아 나가니까 주위의 경멸을 받는 것으로 어두운 과거세의 원인이 소멸되고 마침내는 성리가 밝아지게 된다."

〔善男子 善女人 受持讀誦此經 若爲人輕賤 是人 先世罪業 應墮惡道 以今世人 輕賤故 先世罪業 則爲消滅 當得阿耨多羅三藐三菩提〕

이런 말씀은 아마 다른 경전에서는 찾아보기 어려울 것이다. 또 "착한 남자나 착한 여인이 이 금강경 읽는 공덕을 내가 이야기해도 사람들은 어이가 없어 하며 도대체 사리에 맞지 않는다고 할지 모르나 이는 사실이다. 왜냐하면 이 금강경의 도리는 여느 사람들의 정도와는 원체 다른 불가사의한 것이므로, 그 도리에 의지해서 닦으면 결과 또한 불가사의하느니라." 하는 말씀 같은 것. 또 "너희가 이른바 불법을 행한다고 하면 곧 불법이 되질 않는다. 왜 그러냐? 컴컴한 마음의 원인인 탐심, 진심, 치심이 있으면서 불법을 행한다고 말해도 이는 결국 자기를 좋게 하려는 것이지 불법이라고 할 수는 없기 때문이다. 그러므로 탐, 진, 치를 닦아 마음 밝아지는 일이라면 그 이름을 어떻게 붙이든 상관없이 다 불법인 것이다." 하는 말씀. 이런 것은 도저히 부처님의 다른 경전에서 찾아보기 힘든 내용들이다.

이러한 말씀들을 보면, 오십여 년 동안이나 교단을 이끌며 제자들을 교육하시던 분으로서 거기에 대한 당신의 애착을 전부 놓으시고 오로지 여러 사람들이 밝아져서 구경의 행복에 도달하도록 애쓰신 흔적을 볼 수 있는 것이다.

석가여래의 거의 최후를 장식한 금강경의 요지는 삼분 대승정종분(大乘正宗分)과 사분 묘행무주분(妙行無住分), 그리고 오분 여리실견분(如理實見分)에 잘 나타나 있다.

즉 부처님께서 그 한마음 밝아만지면 삶의 모든 괴로운 문제는 아예 생기지 않을 것이라고 하셨는데, 그럼 어떻게 해서 그 한마음이 밝아질 수 있을까? 그래서 수보리라는 제자가 부처님께 여쭈는 것이다.

"부처님께서는 공부하려고 하는 사람들에게 모르는 것을 언제나 잘 가르쳐 주시고 또 잘 닦도록 염려해 주십니까? 그렇다면 우리가 마음을 밝게 하려면 마음을 어떻게 써야 하며, 마음에 올라오는 생각들은 어떻게 항복받겠습니까?"〔如來善護念 諸菩薩 善付囑 諸菩薩 世尊 善男子 善女人 發阿耨多羅三藐三菩提心 應云何住 云何降伏其心〕 수보리는 마음 쓰는 것이 먼저이고 항복받는 것이 다음으로 안 모양이었다. 그러니까 석가여래께서는 마음 쓰는 것보다는 항복받는 것이 먼저라고 말씀하시며, 그 방법을 제삼분인 대승정종분에서 다음과 같이 일러 주셨다.

"모든 보살이 어떻게 그 마음을 항복받는고 하니, 중생의 종류에는 '알로 난 것', '태(胎)로 난 것', '습(濕)에서 난 것', '화생(化生)', '형상이 있는 것', '형상이 없는 것', '생각이 있는 것', '생각이 없는 것', '생각이 있지도 않고 없지도 않는 것'이 있는데, 그들을 다 열반에 들게 해서 제도하겠다 하여라. 그렇게 한량 없고 무수히 많은 중생을 제도하였다 해도, 사실은 제도받은 중생은 하나도 없는 것이다. 왜 그런고 하니, 만일 보살이 나라는 생각이나 남이라는 생각이나 밝지 못하다는 생각〔衆生相〕이나 경험이 많다는 생각〔壽者相〕이 있을 것 같으면, 이미 그는 보살이 아니기 때문이다.

여기서 알로 깐 중생은 무엇을 나타낼까. 알은 모체에서 자기가 먹을 것과 영양, 그리고 자신을 전부 껍데기 속에 넣어 가지고 떨어져 나온다. 거기에 깃들인 생명은 온도와 습도만 맞으면 스스로 그 속에서 성장한다. 그러다가 드디어 껍데기를 벗고 나오면, 부모 관계를 전혀 알 수 없는 한 개체로 세상에 나오게 된다. 이것은 남의 은공은 알지 못하고 자기 생체만을 보전하는 마음 즉 배은망덕하는 마음에서 생긴 결과다.

'태로 나는' 중생은 모든 것을 모체로부터 받아 자라는 것으로, 애초에 모체 속에 씨가 붙어서 모체를 긁어먹고 자라며, 뱃 속에서부터 형상을 갖추고 모체로부터 떨어진 뒤에도 모체를 따라다니면서 배우게 된다. 이것은 남에게 바라고 의지하는 마음 때문이며, 이 마음이 태로 나는 원인이 되는 것이다.

'습에서 난' 물고기 같은 중생은 제 몸뚱이를 행여 남한테 잃어버릴까보아 늘 감추는 마음이 만든 결과다.
  '화생'이란 무엇일까. 물이 고여 지저분한 곳에 모기 같은 것이 생기는 것을 흔히 볼 수 있다. 이런 것은 자기를 내세우겠다는 마음을 가진 것으로, 내세울 자격이 못 되면서 자꾸 드러낼 궁리를 하게 되면 이런 보를 받게 된다. '형상이 있는 것'은 모양은 있어도 내용이 시원치 않은 것이요, '형상이 없는 것'은 모양은 없어도 작용을 하는 귀신 같은 것이다.
  우리의 몸 밖에 있는 이러한 모든 중생을 결과라고 할 것 같으면, 우리 마음 속에 있는 생각들은 그러한 결과를 가져오게 하는 원인을 짓는 중생이라 할 수 있을 것이다. 이 안팎의 모든 중생을 남김없이 다 열반에 들게 해서 제도하겠다 하라는 뜻은 무엇일까. 마음 속에 있는 모든 생각들, 가령 배은망덕하는 마음이나 남에게 의지하는 마음이나, 숨는 마음이나 스스로를 과장하는 마음이나 정신이 이상하여 이랬다 저랬다 하는 마음 따위를 모두 부처 만들겠다고 하라는 뜻이다. 그러나 중생이 어떻게 중생을 부처로 만들 수 있겠는가. 그 한 방법으로 무슨 생각이돈 제도하시는 부처님께 바치자, 즉 맡기자는 것이다.
  생각을 부처님께 바친다는 것은 어두컴컴한 자기 생각을 부처님의 밝은 마음으로 바꾼다는 뜻이다. 그러면 자기 마음 속의 망념을 부처님 마음으로 바꾸었는지라 제 마음은 비었을 것이요, 제 마음이 비었다면, 지혜가 날 것이다.

부처님께서는 항복기심하는 것을 먼저 말씀하시고 곧이어 마음쓰는 방법을 이야기하셨는데, 그것이 제사분 묘행무주분의 내용이다. 거기서 석가여래께서는 다음과 같이 말씀하셨다. "수보리야, 보살은 내가 이야기해 준 법칙에도 매달리지 말고 보시를 하도록 할 일이다. 만일 형상에 머물지 않고, 보살이 보시를 하되 자기의 궁리나 분별로 이것저것 가리지 않고 주는 마음을 낸다면, 그 복과 덕은 헤아릴 수 없이 많으니라.

〔復次須菩提 菩薩於法 應無所住 行於布施 所謂不住色布施 不住聲香味觸法布施 須菩提 菩薩 應如是布施不住於相 何以故 若菩薩 不住相布施 其福德 不可思量〕하셨다.

'보시'는 마음을 널찍하게 쓰고 탐심을 없앤다는 뜻에서 자신에게 요긴하지 않은 물건일랑 여투어 두었다가 남 주는 연습을 하는 것이다. 즉 물건에 대해서 넉넉한 마음을 연습하는 것이다. 내가 산중에 있을 때 보면, 감자 농사라도 지어서 남을 먹이는 마음이면 떳떳하고, 당시 감자 값의 열 배나 되던 쌀밥이라도 남의 것을 얻어먹으면 거지 마음이었다. 누구에게 무엇을 줄 때면 베푸는 상대에게 대가를 바라는 마음이 생기기 일쑤다. 주는 연습을 위해서나 탐심을 없애기 위해서 준다면 다르겠지만. 중국 속담에 "은어불보지인(恩於不報之人)"이라는 말이 있다. 은혜는 갚을 수 없는 사람에게 베풀라는 뜻이다. 상대가 갚을 수 있는 사람이면, 물건 주는 날부터 주었다는 생각의 노예 상태를 면치 못할 것이기 때문이다. '이 사람이 이것을 가지고 와서 갚아야 될 텐데.' '그 사람이 잘 되어야 되겠는데.' '크게 잘 되었는데 왜 나한테 갚지를 않을까.' 이렇게 남에게 마음을 얹기 때문에 자유가 없게 되는 것이다.

"형상에 머물지 말아라." 하는 뜻은 형상이 예쁘다고 해서 주는 마음을 내거나 소리가 좋다고 주거나 냄새가 좋아서 주거나, 다시 말해서 오관을 통하여 남 주는 것은 전혀 하지 말라는 것이다. 그때 그때 자신의 악착스러운 마음을 닦기 위해서 베풀지언정, 남에게 주었다는 마음은 절대로 일으키지 말도록 할 일이다.

"상에 머물지 않고 보시하면 그 공덕이 크다."는 것은 보살이 무슨 행동을 할 때 자기의 궁리로 판단하지 않고 하는 것이 좋다는 뜻이다. 상대를 보지 않고 자기 일을 하면 자기 마음이 닦아지는데, 어떻게 하는 것이 상대를 보지 않으면 자기 일을 하는 것일까.

무슨 일을 하든지 부처님 시봉하기 위해서 하면 된다. 밥을 먹을 때나 누구를 대할 때나 마음이 흐트러지는 그때 그때마다 '부처님 시봉하기 위해서', '부처님 즐겁게 해드리기 위해서' 한다고 연습하는 것이다. 부처님만이 업보가 없는 당처다. 부처님을 향해야만이 무소주(無所住)가 되지, 그냥 무심히 한다고 하면 알지 못 하는 사이에 자기 업보를 향하게 될 것이다. 이처럼 무슨 일을 하건 부처님 시봉하기 위해서 한다면,`상에 머물지 않고 보시하는 방법이 될 것이다. 그렇게 한다면 기독교인들이 "마음이 가난한 자는 복이 있나니, 천국이 저의 것이리라." 한 것처럼 마음이 자유스럽고 어떤 제한이 없어져서, 우주와 내가 둘이 아니게 되어 그 공덕은 헤아릴 수 없게 되는 것이다.

마음을 항복받기 위해서 무슨 생각이든 부처님께 바치고, 마음을 쓰는 방법으로는 무슨 일이든 부처님 즐겁게 해드리기 위해서 한다면 그 부처님은 과연 어떻게 생겼을까. 거기에 대해서는 금강경 제오분에 다음과 같이 말씀하셨다.

    "수보리야, 부처님을 몸뚱이로 보느냐?"

    "아닙니다, 부처님. 왜냐하면 부처님께서 말씀하신 몸뚱이라는 것은 몸뚱이가 아닙니다."

    그러자 부처님께서 수보리에게 이르셨다.

    "너희가 생각할 수 있는 바 모든 것은 다 잘못된 것이다. 만일 너희들 생각이 다 올바르지 않은 줄 알아 모든 형상이 형상이 아님을 본다면, 우주의 밝은 빛인 부처님을 볼 수 있느니라."고 하셨다.

    〔須菩提 於意云何 可以身相 見如來 不也世尊 不可以身相得見如來 何以故 如來所說身相 卽非身相 佛告須菩提 凡所有相皆是虛妄 若見諸相非相 卽見如來〕

    부처님을 형상으로 보지 말라니, 그러면 부처님은 어떤 분이신가. 그것은 부처님을 결코 그려 갖지 말라는 것이다. 왜냐하면, 부처님을 마음 속으로 그린다면 그건 자기 생각대로 그린 자기 생각일 뿐이요, 자기 생각으로 그려 가진 부처님은 결국 컴컴한 자기 마음밖엔 안 될 것이다. 그러므로 부처님을 상상하여 그려 갖는 것은 컴컴한 마음을 연습하는 것이다. 그러므로 마음 속으로 부처님을 향할 때는 상상하는 것 없이 다만 '부처님' 하도록 할 것이다.

절에 가서 부처님께 절을 하는 것도 마찬가지다. 절에 가서 왜 절을 하는가. 등상불을 해 놓아서 마음이 허하지 않기 때문이다. 등상이 없다면 절할 마음이 나지 않을 것이다. 그러나 부처님이 절을 좋아하신다면, 물레방아 앞에다 부처님을 조성해 놓고 거기서 자꾸 물레방아를 찧으면 부처님이 좋아하실 것 아닌가. 절하는 것이나 불공하는 것은 바로 절이나 물건을 통하여 자기 마음을 바치는 연습을 하는 것이다. 그렇다면 부처님께 어떻게 절하는 것이 좋을까. 예를 들자면, 부처님 등상을 조성해 놓았으니 등상에는 마음이 없어야 할 텐데, 절을 하면서 자기 마음을 빼다 마음 없는 등상불에 붙여 놓는다.

등상은 마음이 없어야 할 덩어리인데 마음이 있으니 도깨비가 될 것이다. 반면에 자기는 사람이니까 마음이 있어야 할 텐데 마음을 빼서 부처님 등상에 보냈으니 그만 허깨비가 된다. 그래서 허깨비하고 도깨비가 종알종알 해보았자, 거기에는 재앙밖에 일어날 일이 없을 것이다. 그럼 어떻게 해야 할까. 바로 아무런 상상도 하지 말고 '부처님' 하는 마음에 절할 줄 알아야 하는 것이다.

  이처럼 금강경의 대의는 삼, 사, 오분에 말씀하셨고, 누차에 걸쳐 금강경을 수지 독송하거나 다른 사람에게 이야기하여 주면 그 공덕은 헤아릴 수 없이 많다고 말씀하셨다. 그러나 이와같이 밝은 부처님의 말씀을 남을 위해서 전해 주는 경우에도, 자기가 그렇게 했다는 생각은 바쳐야 한다. 왜냐하면 그 생각이란 허망한 것이기 때문이다.

  그대의 모든 생각은 다
꿈, 허깨비, 물거품, 그림자 같으며,
또한 이슬이나 번갯불처럼 곧 사라지리니,
그대 마땅히 이같이 보아라.

〔一切有爲法 如夢幻泡影 如露亦如電 應作如是觀〕

백성욱 선생님에 대하여

백성욱 선생님은 1897년 서울에서 태어나셨다.

　1910년 정릉 봉국사에서 최하옹(崔荷翁) 대선사를 은사로 하여 출가하신 이래 경성 중앙 학림을 졸업, 독립 운동의 원을 세우시고 상해로 건너가 임시 정부에 동참하셨다. 다시 뜻하신 바 있어 유럽으로 건너가 파리의 보배 고등 학교와 남독일 벌스부르크 대학교에서 수학, 1924년 그 대학교에서 '불교 순전 철학(Buddhistishe Metaphysik)'이라는 제하의 논문으로 철학 박사 학위를 취득하셨다.

　귀국 후 선생님은 중앙 불교 전문 학교 교수로 일하시며 많은 논문과 수필 등을 발표하셨다.

　1928년 선생님 말씀에 의하면 "도통이 몹시도 하고 싶었다."는 문제를 해결하기 위해 모든 세사(世事)를 놓으시고 금강산에 입산, 안양암에서 홀로 수도에 들어가셨다. 그곳에서 선생님은 하루 한 끼만을 드시며 천 일 수도 후 숙명통을 얻으셨다고 한다. 이 금강산 수도에서 선생님의 법상(法相)을 타파하여 우주적 안목으로 트이게 하신 장본인은 뜻밖에도 당시 세간에서 생불이라 추앙받던 손 보살이라는 여자분이었다고 한다.

　그 후 수년간 선생님은 대중과 함께 지내면서 화엄경을 설하시고 대방광불 화엄경을 제창하셨다.

당시 선생님께서는 그간의 염원이었던 조국 광복에 대한 확신을 갖게 되어 더 이상 독립 운동에 대한 미련을 가질 필요가 없어졌다.

그래서 굳이 할 일을 찾을 수 없어 그만 몸을 바꿀까 하는 마음이 드는 순간조차 있었다고 한다.

광복 후에는 건국 운동에 참여하셨으며 내무부 장관직을 필두로 한국 광업 진흥 주식회사 사장, 동국 대학교 총장직으로 이어지는 공직 인연을 가지면서 수시로 대학에서 금강삼매경, 보장론, 화엄경, 팔식규거조론(八識規矩肇論) 등을 강의하셨으나 항상 오후 세 시면 퇴근하시어 일체의 면회를 사절하고 오직 수도에만 전념, 수도인의 기본 자세를 유지하셨다.

1962년 선생님은 모든 공직을 떠나 부천시 소사동에 도량을 개설하여 인연 있는 후학을 지도하셨다.

소사 도량에서 우리의 일과는 하루 두 끼씩 먹으며 낮에는 농사와 목장 일을 부처님 시봉하는 마음으로 행하고, 아침 저녁으로 금강경을 읽고 새벽 세 시에는 선생님의 법문을 듣고 우리의 알아진 바를 선생님께 말씀드리는 것이었다. 수행 원칙을 구태여 말한다면, 금강경의 부처님 말씀을 믿고 올바르게 이해하여 그대로 실행하면서 백 일을 일기(一期)로 하여 그간에 깨친 바를 검토해 보는 것이었다. 그렇다고 정해진 틀이 있어서 거기에 따라야 하는 것은 아니었기에 어떤 규율에도 얽매일 필요는 없었다. 그러면서 원칙이 없는 것도 아니었던 것은 선생님이 늘 계시기 때문이었다.

지금 돌이켜 생각해 보면 선생님의 행동이나 말씀의 내용은 오직 금강경식이었으며, 밖에서 찾는 것이 아니라 제 마음 들여다보며 마음 닦는 것이었고 부처님을 공경하는 것이었다. 또 한 가지 기억나는 선생님의 말씀은 "인류 역사상 몸과 정신이 동시에 완전무결하게 건강했던 이는 오직 석가여래 부처님 한 분뿐이었다." 하는 것이다.

"경전이 있는 곳에 부처님이 계시다〔若是經典所在之處 卽爲有佛〕"라는 말씀에 따라 선생님은 금강경을 부처님으로 여기셨다.

1981년 출생하신 바로 그날, 선생님께서는 아무 말씀 없이 입적하셨다.

엮고 나서

　스승께서 평소 우리에게 해주셨던 법문이나 여담 등 기억에 남는 말씀들을 정리하여 스승의 밝음이 필요한 분들에게 전하였으면 하는 것이 나의 오랜 바람이었다.

　많은 도반들께서 나와 같은 원을 세우고 직·간접으로 많은 도움과 힘을 보태주었다. 그럼에도 막상 일에 착수하여 없는 재주를 동원하여 정리하고 편집하려다 보니 능력의 부족이 뼈저리게 느껴졌다.

　이 일로 나는 깨달은 바가 있었다.

　더 없이 밝으신 분을 우리의 재주로 과연 꾸며 드릴 수가 있는 것일까. 나를 비롯하여 이 불사에 동참한 동료들의 사심없는 정성이 있었다면, 그 공덕으로 이 책과 인연을 맺게 되는 모든 분들이 밝아져서 무상의 행복을 성취하시길 발원한다. 그것이 바로 부처님과 스승의 뜻을 기쁘게 해드리는 것이 아닐는지.

　이 책에서 미진한 부분이나 허물이 보인다면 그것은 전적으로 스승의 말씀을 잘못 알아들은 엮은이의 불찰이며, 혹 이 책이 구도의 길을 걷는 분들에게 도움이 된다면 그것은 다행히도 스승의 뜻이 제대로 전달된 것이다.

어제 봄비가 촉촉히 내리더니 목련이 활짝 꽃잎을 열었다. 계절에 따라 마음의 흔들림이 없을 수 없건만 "무릇 있는 바 모든 상(相)을 상 아닌 것으로 본다면 바로 여래를 볼 수 있다."고 금강경의 큰 뜻을 해설하여 주시던 스승의 말씀을 되새기며, 이 좋은 계절을 부처님께 바친다.

1990년 4월
김원수 씀